Etapas Divinas

Mayda Villate Valle

Publicado por
CCI WEB DESIGN
Derechos Reservados @2019
Mayda Villate & CCI WEB DESIGN

Este libro fue producido, editado y revisado por:
Mayda Villate & CCI WEB DESIGN - Mayda Gabriela Brito Villate
Aportación en Revisión: Doctor Alejandro Santana Féliz
Foto de Contraportada: Giovanni Delgado

Título publicado originalmente en español:
Etapas Divinas

Ninguna parte de esta publicación podrá ser reproducida,
Procesada en algún sistema que pueda reproducir, o
Transmitida en alguna otra forma, o por algún medio
Electrónico, mecánico, fotocopia, cinta magnetofónica, u
Otro excepto para breves citas en reseñas, sin el permiso de
los autores.

Citas Bíblicas tomadas de la Santa Biblia, Nueva Traducción Viviente y Nueva Versión Internacional

Clasificación: Religioso - Psicología - Inspiracional

Para pedidos escriba a:
E mail: maydavillatevalle@gmail.com
Intl: 787 644 3955
Facebook / Twitter / Instagram: maydavillate

Visita nuestro website: www.encuentrostv.com

Agradecimientos

Primeramente le doy gracias a mi Señor por pensarme, y separarme con propósitos eternos. Gracias Abba por todo lo que has depositado en mí, y lo que aún falta.

A mi amado esposo Julio Ángel, mi compañero de vida, y mi mejor amigo, mi cómplice, mi persona favorita y novio de siempre. Gracias por estar siempre para nosotros, tu familia, con tu fidelidad, ternura, generosidad y amor que te caracterizan. Gracias por apoyarme en todos mis proyectos, especialmente en este que estoy emprendiendo hoy. Gracias por tus abrazos en tiempos difíciles, y tus palabras llenas de esperanza y paz en tiempos de sosiego.

Por la gracia de Abba Padre, juntos hemos crecido y pasado al otro lado de cada etapa de nuestra vida marcando un sendero, para aquellos que vienen siguiendo nuestras pisadas y confiando en fe, puedan recibir lo mejor de nuestras vivencias.

Te amo y admiro mi amor

Mayda Villate

Prólogo

La obra que el lector tiene en sus manos, es el resultado de un proceso de crecimiento experimentado por su autora, y que sin la menor duda, tiene el potencial de impulsar el crecimiento en la vida de quienes se permitan el placer de leerla.

La palabra que a mi entender puede definir con mayor precisión este libro es, *"crecimiento"*. Me permito explicar el trasfondo de esta afirmación. Conocí a Mayda Villate Valle hace poco más de dos décadas. En aquella época, Mayda era una joven maestra que asumía con pasión su trabajo con los más pequeños en escuelas del sistema público de educación de Puerto Rico. Como era de esperarse, lo relacionado con sus estudiantes era uno de sus temas de conversación preferidos.

Se emocionaba al hablar de los desafíos que enfrentaba cada día en su sala de clases al tratar con mentes que apenas iniciaban su desarrollo. Se conmovía profundamente, cuando debía reconocer que muchos de sus estudiantes tenían que vivir experiencias dolorosas y muchas veces traumáticas. El contacto con esas pequeñas vidas marcadas a menudo, por la atmósfera de desamparo, maltrato, y desamor que caracteriza a muchos hogares disfuncionales, dejaría huellas profundas en la joven maestra.

A la par que ejercía con pasión el magisterio, Mayda educaba en casa a su pequeña y preciosa hija. Asumir el rol de madre la condujo a descubrir una nueva dimensión de su vocación. Educar los hijos de personas desconocidas había sido hasta ese momento una tarea que exigía sacrificio y dedicación, pero que había aceptado gustosamente.

Educar a su propia hija, le abrió una ventana a través de la cual, pudo comprender el magisterio bajo una nueva perspectiva.

Entregarse a la obra de tocar las vidas de sus pequeños estudiantes para ayudarles a crecer de manera integral, era ahora una tarea que podía realizar no solamente desde la perspectiva del docente, con sus teorías de didáctica y aprendizaje; ni muchos menos desde la necesidad de cumplir con el deber que impone la sociedad, de ser un motor de transformación; sino también desde la visión que solo una madre comprometida con el crecimiento integral de sus hijos puede llegar a tener. Mientras colocaba sus energías en la noble obra de educar a sus estudiantes, y a su propia hija, enseñándoles y nutriéndoles, entregándoles los recursos que les permitiera crecer, Mayda también creció.

Su afán de aprender, de crecer, de prepararse cada vez más, la llevó de regreso a los estudios. Es así como la maestra se convirtió en psicóloga. Una fusión de profesiones que va más allá de la búsqueda de una educación holística. Una mezcla de sapiencias, conocimientos y experiencias, que le abriría muchas puertas, ya no solo a la mente de los niños, sino también a la de sus padres y en el seno mismo de sus familias.

Por alrededor de tres lustros, Mayda, la maestra, convertida en una excelente psicóloga, ha tocado la vida de cientos de familias, de miles de personas. Su sala de clase se extendió para abrir las puertas a todos por igual. El espacio ha sido una escuela, pero también lo son auditorios, iglesias, centros comunales, empresas, dependencias del gobierno estatal o de algún municipio.

Tal multiplicidad de escenarios le ha permitido a Mayda trasmitir a innumerables personas, mensajes de optimismo, autoayuda, superación, pero en especial de crecimiento que se evidencia en cambios de pensamiento, conducta, hábitos y estilos de vida; crecimiento que no sería permanente ni trascendental si no fuera porque Mayda incorporó, la dimensión espiritual en sus sesiones de consejería, charlas y conferencias, en cada seminario impartido. Su visión de un crecimiento de las facultades de la mente en armonía con las del cuerpo, y balanceadas por las del espíritu, es la clave del éxito de su trabajo en favor los demás.

Puedo afirmar que la obra que el lector tiene en sus manos, no es un libro más de otro psicólogo que ofrece los mismos consejos que hemos escuchado muchas veces. Este libro es el resultado de una vida de crecimiento que condujo a su autora, desde el ejercicio de un magisterio comprometido con el servicio, pasando por la práctica de una profesional de la psicología, a conducir un ministerio efectivo a favor de las familias.

Apreciado lector, esta obra puede ser uno de los recursos más valiosos de los que pueda disponer para traer paz, armonía y felicidad a su hogar. Mayda ha conducido todos estos años un ministerio de fe que ha contribuido al bienestar de miles de personas. Una familia en crisis siempre ha sido una oportunidad para su ministerio. Sin embargo, hasta ahora, solo había podido llegar a quienes venían en busca de un consejo o a quienes aceptaban acudir a sus seminarios.

A través de esta obra, su ministerio podrá llegar hasta la intimidad de miles de hogares que necesitan con urgencia recibir un mensaje de esperanza. Corazones quebrantados y llenos de desánimo, mentes confundidas, agobiadas por la incertidumbre, familias que no encuentran fuerzas para seguir luchando, parejas que están a punto de perder la esperanza de permanecer unidas; todos pueden encontrar en este libro una salida, una oportunidad.

En sus páginas, el lector encontrará un mensaje de restauración y sanidad. Invito a todos a disfrutar de esta lectura enriquecedora e inspiradora. Los minutos dedicados a su lectura serán probablemente algunos de los que mejor haya utilizado el lector. Su pareja, sus hijos y usted mismo, merecen ser felices.

Hay un propósito para cada ser humano, para cada pareja, para cada familia. Un propósito de paz, gozo, felicidad y plenitud. Su vida como la de Mayda, puede ser una vida de crecimiento continuo, los problemas no tienen que ser obstáculos infranqueables que le impidan alcanzar sus sueños más preciados. Permítase la oportunidad de leer esta obra de la psicóloga Mayda Villate Valle, descubra que su vida también puede ser una vida de crecimiento continuo. Reciba con fe los recursos que se abren a través de estas páginas, y que si usted lo permite, proporcionarán a su relación, a su hogar, y a su vida, la felicidad que siempre ha anhelado. Crezca y descubra con Mayda, que con fe, todo es posible.

Rodolfo A. Díaz Botía

Reconocimientos

Quiero Reconocer a:

Mi amada Gabita, la golondrina de mamá, la Pichilina, cuantos nombres le adjudicamos a esas personitas que amamos, nuestros hijos.

Aunque ya no eres una niña, para mi seguirás siendo la nena de mamá. Ahora a tus 27 añitos, tengo que reconocer que eres tremenda persona, ya que te dejas sentir a donde quiera que llegas; eres consciente de lo que eres en el Amado y buscas la paz en cada territorio que se te entrega.

Eres una excelente esposa, madre, enfermera y sin dudas, das lo mejor al servicio de la nación como militar; pero sobre todas las cosas, vives enfocada, y alineada al reino de los cielos y me consta, que rindes la honra y gloria en todo, al Rey de Reyes.

Amada hija, gracias por sacar de tu tiempo y aportar una semilla poderosa con el capítulo 5 de este libro, el cual será de gran bendición, y desde ya recibimos en fe la multiplicación de esa semilla de conocimiento y esperanza en el corazón de cada lector.

Gracias, Siempre Mamá.

Introducción

La vida está llena de procesos, etapas y temporadas en medio de las cuales, debemos considerar, que sin importar cuán difícil o adverso sea ese tiempo, Dios tiene un gran plan para nuestras vidas.

Mayda Villate Valle nos invita a través de Etapas Divinas, a descubrir los distintos propósitos que Dios predestinó para ti, a través de cada etapa de vida.

Muchas personas se apresuran a alcanzar el éxito; en la mayoría de los casos se ignora que; tendrán que asumir grandes responsabilidades, las cuales se deben demostrar en medio de los procesos y frecuentes retos, que nos demandan una actitud de sabiduría y dependencia divina.

La pregunta que nos hacemos todos es: ¿Cómo alcanzar el éxito duradero? ¿Cómo levantarnos del fracaso? ¿Cómo vencer las actitudes y hábitos negativos del pasado? ¿Tendrá Dios otra oportunidad para mí?.

En los próximos capítulos, Etapas Divinas te aclarará el camino y equipará, para que vivas cada día en una continua determinación, firmeza y fortaleza integral, con el fin de alcanzar la grandeza y riquezas, del propósito de Dios sobre tu vida, en medio de la temporada en la que te puedas encontrar.

Contenido

Capítulo 1:
E- Éxito..12

Capítulo 2:
T-Tiempo para conocernos....................................34

Capítulo 3:
A-Asumir responsabilidades..................................64

Capítulo 4:
P- Procesos..76

Capítulo 5:
A-Actitudes..108

Capítulo 6:
S- Sabiduría...122

Capítulo 7:
D- Divinas oportunidades....................................138

Capítulo 8:
Prepárate para recibir..162

Capítulo 9:
El gran secreto del amor que prevalece..............170

Capítulo 1
E- ÉXITO
"LA FÓRMULA PERFECTA PARA EL ÉXITO"

Quien dice tener la fórmula perfecta, pero en ella no se destaca la persona de Cristo, créeme que ese éxito tendrá fecha de expiración y durante el mismo, tendrá que luchar con muchos problemas. Pues el mismo rey (jefe, familia, alguna autoridad) que te posicionó, en algún momento puede cambiar de opinión sobre tu persona y prescindir de tus servicios, es posible que te perciba como una amenaza, o que ya no valore tus ideas y sacrificios, de manera que aquello que considerabas como éxito, se llega a convertir en un rotundo y doloroso fracaso.

Todos queremos que las cosas nos salgan bien y confiamos en un sistema de creencias que pueden, aparentemente, darnos éxito. Por ejemplo, se nos enseña que si somos responsables alcanzaremos el éxito. Si eres disciplinado, estás más cerca de lo soñado. Pero la realidad es que, es frustrante vivir bajo ciertas expectativas y no lograr lo que pensamos que merecemos. Entonces, *¿qué nos está faltando para ser exitosos?* puedo decirte con toda seguridad, que lo que hace falta es tomar decisiones sabias, basadas en lo que el Señor desea para cada uno de nosotros. Él tiene planes para nosotros y anhela que se cumplan. Esto es posible cuando le damos la oportunidad a Él de que nos dirija por su Espíritu, y seremos guiados a toda verdad.

Cristo dijo en *Juan 14:6* "Yo soy el camino, la verdad y la vida". Cuando reconocemos quién es por nosotros y en nosotros, se desactivan de forma automática todas nuestras ideas, criterios, derechos, activando sus ideas y verdades en nuestro interior. Pues Él es en esencia, la *¡Verdad divina!* Esa verdad no son ideales o criterios establecidos, es una persona, es ¡Cristo! Escúchalo ahora en medio de tus circunstancias decirte: "*Yo soy el camino, la verdad y la vida*". Es decir, El tiene trazado un plan que nuestros ojos naturales no pueden descifrar. Pero nuestros sentidos espirituales nos ponen en alerta y prueba de esto será, la paz que sentirás al tomar el sendero de Cristo.

No entiendes porqué lo haces, no te reconoces en medio de tus nuevas respuestas; pero puedes reconocer un nuevo fluir en ti. Esperanza y expectación por algo que no es posible por ti, pero que sientes que está dentro de ti, aún sin merecerlo. ¡Eso es su gracia! ¿A qué te quiero llevar con esto y cómo lo relaciono con el éxito en las relaciones de pareja? Pues es muy simple, la selección de esa persona no debe estar basada en nuestros instintos, deseos, pasiones, emociones u otros. Esa persona será más que tu motor, como lo expresan algunos. ¡El plan edénico es que tú seas ayuda idónea! Si, ese fue el plan original, y si viene del cielo, es perfecto y no caduca. Es un plan que busca tu bienestar siempre. Se basa en el perfecto amor de Cristo, ese amor será o debe ser la piedra angular de esa futura relación.

Muchos son los que redactan votos hermosos antes de ese compromiso oficial como lo es, la boda. ¿Pero por qué no se manifiestan en tiempo real, en medio de cada etapa intensa? *Alinea tu ser para recibir esta revelación.* Todo se trata de comenzar a confiar en nuestras estrategias, intereses, prioridades y deseos. Surgen también los miedos, las dudas, el sentido de insuficiencia y el cansancio emocional y físico. Siempre que busques tu felicidad, apoyo y dirección en otros, terminarás frustrado. Es decir, cuando vives enfocado en que sea tu pareja quien llene tus necesidades tanto físicas como emocionales, te darás cuenta de que una y otra vez te falla.

¡Hola! Somos imperfectos. Nos cansamos, y tenemos nuestros propios intereses. *¡Tenemos agendas!* Mientras más confías y dependes de tu pareja, más esclavo serás de la vida y de todo. ¡Si! Pero, Mayda, explica, pues se supone que mi vida gire en torno a mi pareja. *¡Amigo todo lo que te ata y vence te hace esclavo!* ¡Si! Y somos llamados a ser libres.

¡Libres en Cristo Jesús!

Mi centro, mi verdad, mi camino y mi dirección es ÉL. Y debe ser así para cada uno de nosotros. De hecho, es así que debemos educar a nuestros hijos. Mi seguridad, mi estima, mi tranquilidad, todo me lo provee Él. Por mucho tiempo luché tratando de dar lo mejor de mí a mi esposo y a mi familia. De hacer lo correcto, dar apoyo, amor, seguridad, fidelidad etc. Ah, por ende esperaba lo mismo de mi imperfecto y maravilloso esposo. Esto nos llevó de fracaso en fracaso. Muchas tardes frías y muchas noches de tristeza, al ver como éramos tan incapaces de suplir lo que solo Dios puede dar. *El es Jireh*, Dios proveedor de todo. *"Abres tu mano y sacias el deseo de todo ser viviente" (Salmos.145:16)*

Una hermosa tarde, a solas con mi Señor, recibí en mi interior como un fuerte pero a su vez apacible susurro que me llenó de lo que yo ignoraba y me hacía esclava. Predicaba libertad pero era esclava. Esclava de muchas cosas. Recuerda, *"todo lo que te vence te hace esclavo" (2 Pedro2:19)*. Es decir, las murmuraciones internas sobre mi amado esposo, el deseo constante de hacer para recibir, los miedos, el deseo de aprobación, la comida, la lista era larga. Pero cuando la revelación viene del cielo, trae paz y esperanza; pero, cuando la voz trae resentimiento y ansiedad, viene del gran usurpador, a quien no damos lugar en este libro, ni en nuestras vidas. Procedí esa misma tarde a compartir con mi amado esposo lo que había recibido. Lo senté y le dije: Quiero que sepas que te amo, que amo a mi familia y que reconozco que hay muchas personas que honro y aprecio.

Pero,…me parece ver su cara…, ya no eres el centro de mi vida. He sido esclava y no recibo eso más sobre mi vida, y con lágrimas que no entendía por qué brotaban, luego fui entendiendo que era el Espíritu Santo, sanando y cubriendo mi necesidad. Terminé dejándole saber todo lo que ardía en mí; de ahí en adelante, mi percepción cambió hacia su persona y hacia otros.

Fui libre. *¡Verdaderamente Libre!* Cuando Dios suple lo hace con la medida perfecta y en el tiempo perfecto, y jamás te reclama por lo otorgado. Tampoco tiene límites. Cubre *todas* tus necesidades. Llena todos los espacios y deja sentir su presencia, su amor, su compasión y su autoridad sobre ti.

Muchas veces abortamos los planes del Señor, pues culpamos a los demás *(padres o cuidadores)* por la vida que supuestamente nos dieron, culpamos a los que se olvidaron de nosotros y no ayudaron con la promoción o asistencia financiera que tanto necesitábamos para ese ascenso.

Culpamos a los que nos abandonaron en el camino, a los que nos engañaron, a los que hablaron a nuestras espaldas, a las circunstancias desfavorables, la lista es sin duda extensa. Todo esto y lo que puede estar operando en tu interior que solo te oprime y te desenfoca, te hace esclavo.

Es tiempo de ser libre

No es decirlo, si no vivirlo. Es estar creyendo no sólo lo que puedo recibir como hijo del reino; sino vivir por lo que Cristo hace e hizo, todo por mí. *¡Lo hizo en la cruz!* Y desea que vivas como libre. No en apariencia de piedad, *¡libre en espíritu y en verdad!* Él es el todo, en todos y por todos.

Este cambio de mentalidad provocada por el Espíritu me llevó a no sufrir cuando siento y veo, como los que dicen amarme me desilusionan o traicionan, me desaniman, en fin su amor, sus bondades y recursos son limitados y condicionados a las emociones. ¡Somos así! pero cuando entramos en una nueva relación con el *Padre Abba*, y nos deleitamos en Él, no solo se conceden las peticiones de tu corazón; sino que comenzamos a parecernos más a Él y su amor fluye en nosotros como ríos de aguas vivas.

Puede ser que en esta temporada te sientas sin ánimo y sin rumbo. Puede ser que hayas tomado decisiones poco acertadas. Quizás hayas lastimado a las personas que más amas. Posiblemente te sientes agitado emocionalmente. Detente y reconócelo *(ABBA)*, ya no te apoyes más en tu propia prudencia. Entrégale tus sueños, metas, empresa, familia, finanzas, complejos, frustración y entonces: *"Él enderezará todas tus veredas" (Proverbios 3:5-6)* Posiblemente te han hecho promesas, pero quienes prometen cumplen según sus fuerzas y puede que luego hasta te reclamen; eso es muy triste; lo sé; lo he vivido.

Es tiempo de que reconozcas a Dios en todo. Él nos pide que le entreguemos cada área de nuestra vida, cada sueño, deseo, todo lo que albergas en tu alma, lo que siembras en tu mente y lo que empuja tu voluntad con el fin de que seas próspero, y vivas bien, pues de otra forma tomarás decisiones basadas en tus propios criterios las cuales, parecen ser lógicas y buenas; pero no necesariamente son las que el Señor tiene predestinadas para ti.

Comienza desde ya a pedirle al *Camino, la Verdad y la Vida* que te muestre, como sólo Él sabe, lo que es mejor para ti. No luches más con la duda, con el espíritu de confusión. No luches con tus fuerzas.
Recuerda: "Para Él no hay nada imposible"; todo está sujeto a Él. Así opera el Reino de Dios. Tú eres bendecido con toda bendición espiritual. Con una herencia del Rey, desde ahora y para siempre. Si lo crees, repítelo y dile al cielo que recibes esta identidad y con ella toda su bendición. Y si eres bendecido, prepárate para ver como tu casa, tu familia, finanzas y relaciones prosperan. Sin luchas, sin temor a que usurpen tu lugar, o que llegue la escasez.

"Lo que es tuyo otorgado por el cielo nadie te lo puede arrebatar"

Entonces, ya sabes que el éxito en cualquier área de tu vida, está estrechamente ligado a la semilla que *Jireh* ha depositado en ti. Y quiere que des fruto y más fruto. Y ese fruto no es solo para saborearlo y dejar al que está a tu lado con hambre, o pasando necesidad, o cansado de luchar y no ver fruto. Más bien, comparte tu semilla, siembra sin miedo y verás como el que da crecimiento, se encarga de todo. Espero que tu corazón anhele conocer hoy más sobre el Dador de la semilla. Enamórate del que quiere bendecirte. No busques semillas, enamórate del Dador de la semilla. Créele y verás cosas maravillosas pasar en tu terreno árido. Amén

Para vivir con éxito mantente enfocado

Mantenernos enfocados puede marcar la diferencia en nuestras relaciones. Ahora bien, *¿enfocados en qué? ¿Y qué nos garantiza que vivir enfocados traerá frutos a nuestra relación?* Vamos a ir poco a poco viendo este tan importante argumento de mantenernos enfocados y vivir una vida exitosa. Pues bien, cuando decidiste compartir tu vida con esa persona que seleccionaste, en la cual encontraste cualidades y atributos que entendiste serían los que convertirían a esa persona en la elegida para ser tu ayuda idónea; el otro punto importante es que tomaste la determinación de confiar todo sin reservas, sin temor a ser defraudado, y es en parte un punto de referencia para entender por qué vivimos consecuencias basadas en dicha selección. Consecuencias que ensancharán tu vida, que traerá paz y prosperidad y que juntos verán cómo cada etapa será de enriquecimiento y aprendizaje para la relación.

Por otra parte, puede ser que vivas consecuencias que te hagan recordar una y otra vez los nefastos, dolorosos e inexplicables momentos que has vivido durante algunas temporadas junto a tu pareja. Entonces, te invito a que juntos analicemos cuáles fueron los criterios que utilizaste para seleccionar a esa persona que hoy comparte contigo o que estuvo compartiendo contigo o que estás pensando en comenzar a compartir con ella. Es decir, si las motivaciones para seleccionar fueron caprichos, deseos, pasiones, presión familiar, aprobación, consuelo, una esperanza, problemas financieros u otras razones, que sólo responden a nuestra voluntad, es inevitable que toque a tu puerta la frustración, y una vez le abres, quiere quedarse. Y ahora comenzará a reclamar su espacio en tu casa.

La selección de esa persona debe estar basada en la lógica y no en las emociones. Y a su vez, esa lógica debe ser presentada a nuestro Papá *(ABBA),* quien te indicará de muchas formas si esa persona ha sido separada por Él para ti. ¡Qué maravilloso! *¡Separada para ti! ¡Educada por Él, cuidada por Él y reservada para el tiempo perfecto por Él para ti!*

Me ha tocado escuchar a tantas personas decir: Mayda, "él o ella no era así, o me mintió o cambió, no sé qué fue lo que pasó". Permíteme hablarte un poco de mi experiencia.

Mi decisión por casarme fue a muy temprana edad. A los 19 años, tres meses para los 20. Y a los 21 ya era mamá. *¿En base a qué tomé la decisión?* Fui movida por emociones, fue como un sueño de princesa rescatada por un príncipe cuyo encanto desapareció después de rescatada. Un príncipe casi nueve años más que yo; con buenas intenciones, pero motivado a lo que le ofrecía el mundo natural, respetuoso de mis ideales, pero su corazón y su mente alineados a otras costumbres y principios que no eran los del reino. Y te cuestionarás, *¿solo él tuvo parte para que esa relación fuera desarrollada en terreno estéril?* ¡Claro que no! Yo decidí por él. Me desenfoqué. Resté importancia al orden establecido para el verdadero éxito, el que me inculcaron mis padres. La semilla estaba en mí, pero decidí que mis métodos eran mejores, que mi futuro era con esa persona y que mi felicidad era garantizada con el presente que veía ante mis ojos. Me cautivaron sus destrezas laborales, el lugar que me otorgó dentro de su familia, me cautivó su buen gusto, y selló con broche de oro como dice un dicho muy popular, sus regalos y estatus económico.

La gran pregunta es, *¿por qué salí de allí? ¿Qué pudo dañar tantas dichas?* Bueno, al poco tiempo tocó a la puerta la frustración;

comenzamos a ver cómo y cuándo las dificultades laborales se presentaban y tomaban el control de mi pareja. Cómo la influencia de otros era lo que predominaba. Cómo las amistades y círculo social pautaban la diferencia entre lo que era real en la vida de él, y lo que yo había aprendido del reino a través de mis padres, la iglesia, la familia extendida, y la educación cristiana, entre otros. Es lo que llamo hoy *Enfoque vs. Desenfoque*.

Hemos escuchado el dicho: "Un imperio tarda años en construirse, formarse, pero muy poco tiempo le toma en caer." No logramos construir un imperio, sólo vimos espejismos de lo que pudo ser. Se comenzaron a tomar decisiones que afectaban a la familia; hubo muchas pérdidas, y llegó el descontrol de las emociones. Tocó a la puerta la ansiedad, la depresión y con ella, muchos detonantes, que no añaden vida, solo restan, desmotivan y anulan el compromiso familiar de pareja, de finanzas, y alejan la pasión y niegan el amor. Se pierde el respeto a la pareja y los valores. Sí, de repente, me vi envuelta en una relación perjudicial, con una persona que llegaba intoxicada al hogar, o me llamaban porque tenía el tránsito obstaculizado, pues no podía moverse de lo descompuesto que se encontraba. Los Vecinos me cubrieron y me ayudaban en lo que pudieron; ¡ah!, y una bebé a la que alejaba de todo, aunque era parte del círculo familiar, producto perfecto de aquella relación, que es mi tesoro, mi gran amor, mi hija.

Entonces le pedí a *ABBA*, mi Padre, desde lo más profundo de mi interior, que me sacara de ese círculo y que hiciera crecer en mí lo que había sido sembrado. Clamé, *"Ayúdame no quiero vivir así"*; en aquella época pasé por muchas situaciones las cuales veo ahora claramente, que fueron alineadas para bendecirme, restaurarme, afirmar mi fe, y posicionarme en lugares jamás imaginados como tener la oportunidad de ministrar por radio, en templos de diferentes denominación y ser terapeuta de cientos de parejas. Fui servida por mi Padre el Dios Todopoderoso y aprendí a servir sin esperar nada a cambio, a vivir sumamente agradecida por cada detalle de restauración en mi vida. Dios cuidó de la salud física, emocional, mental y espiritual de mi princesa. *¡Cuánta importancia debemos darle a las decisiones!* pedir dirección y revelación sobre cada asunto, no solo para aquellos complicados, sino también para aquellos que no son aparentemente tan difíciles. Se trata de depender del que todo lo puede, que lo sabe todo, y de su poder, porque El siempre estará a favor nuestro.

Para recibir revelación, hace falta estar quietos en Él, y esperar. Deleitarnos en el reino y todo lo demás vendrá por añadidura. Amado que estás leyendo: Pedir en medio del dolor, en medio de la escasez, es bien recibido por el todopoderoso. No creas que recibirás reproche alguno, solo sucede entre nosotros. No creas la idea de que existen reglas o requisitos para alcanzar el favor y la gracia de Él sobre tu vida, solo acércate a Él; pasa tiempo con ÉL; deléitate en Él y verás cómo se cumplen los deseos de tu corazón. Al conocerle, caerán todos esos mitos y falsas ideas de cómo obra su poder y favor sobre cada uno de sus hijos. Comenzarás a entender como solo Él llena tus necesidades. Verás la manifestación de *Jireh* multiplicando tus finanzas, ensanchando tus oportunidades, revelando nuevos caminos, prosperando tu salud y guiándote en todo conocimiento.

La pregunta de muchos, y muy válida, es: *¿qué pasó cuando después de haber orado tanto por ese amor, terminé defrauda o defraudado?* Bueno, sucede que con el tiempo, vamos cambiando el orden de nuestras prioridades. Las prioridades son aquellas cosas que nos motivan, nos impulsan, nos llaman tanto la atención; tan importantes que demostramos nuestra devoción por ellas, a través de diferentes tipos de inversiones. Es decir, invertimos nuestro tiempo, esfuerzo y dinero en nuestras prioridades. Cuando se trata de prioridades, no se escatima.

Nuestras Prioridades

Ahora bien, la pregunta que debemos hacernos es, *¿Cuáles eran nuestras prioridades como pareja, y cuáles son las nuestras ahora?*

¿Cuáles son las prioridades de tu cónyuge actualmente? Cada período trae consigo diferentes desafíos y retos; de ahí surgen los cambios de orden de prioridades. Los retos son buenos pero debemos considerar que ya no son mis retos sino, "nuestros retos". ¿De qué forma afecta el cambio de prioridades a mi cónyuge? ¿Cuánto implica que nuestra relación se debilite o sea ensanchada?; estas son las preguntas que debemos hacernos. Es muy fácil, y sale casi de forma automática un cúmulo de justificaciones, es decir, mis prioridades son realmente las que nos pueden llevar al éxito. Cuando deseamos algo, buscamos la forma de alcanzarlo, eso es cierto y nos enfocamos en eso. Hablamos con los que creemos que pueden ayudarnos a realizar nuestro sueño, es entonces cuando comenzamos a ver nuestro sueño como el centro de todo.

Empezamos a ver de forma negativa a todo lo que de una forma u otra nos aleja o simplemente, no nos acerca a la meta. Si el centro es el sueño y solo tú eres el que serás beneficiado, sabrás que pronto te dejarán saber que has excluido las prioridades, y que ya no eres tan considerado (a). Muchas esposas se quejan de sus esposos y confiesan que estos están desenfocados. Reclaman irresponsabilidad en ciertas áreas, indolencia, falta de detalles, desamor, egoísmo, ingratitud y desinterés. Esto se debe al cambio gradual o abrupto de prioridades. Sienten que están siendo desplazadas y que deben tomar medidas al respecto. Esta situación se convierte en la plataforma perfecta para una guerra de poder, en donde el silencio cobra autoridad; los sarcasmos fluyen de forma casi irreflexiva, y muchas veces los hijos quedan atrapados en medio de ambos padres, sin saber lo que está sucediendo, pero sienten, perciben que algo no está bien. Puede que hasta idealicen que de alguna forma ellos como hijos, son culpables.

Pero, por otro lado, los caballeros también recienten los cambios de prioridades, sea que ella retome los estudios o inicie algún proyecto, o simplemente porque le aumenten sus horas de trabajo. Se puede dar el caso que ella, después de varios embarazos decida dedicar tiempo a cuidar su estado físico, o simplemente que desee salir adelante como empresaria y comienza a crear ideas para dar forma a su proyecto. Los reclamos y críticas pueden dejarse sentir de parte del cónyuge. Si te fijas, nada de lo anterior debiera ser un causal de separación o divorcio, desafortunadamente lo ha sido para muchos.

El egoísmo es la verdadera razón y el detonante que impide la búsqueda y dirección de Aquel que todo lo dispone para bien. Las raíces de amargura, resentimiento, depresiones, sarcasmos, malos entendidos y falta de comprensión se amontonan y van creando y fortaleciendo esquemas y fortalezas mentales que aprendimos de nuestros cuidadores primarios, de la sociedad y de otros que con buenas intenciones, o por ignorancia, nos llevan a pensar sólo en lo negativo, o en los supuestos cuidados que debemos tener, para no dejarnos engañar de nadie, los cuales son mecanismos de defensa, para tener el control antes de que seamos sometidos por nuestro cónyuge.

Ese impulso de descargar toda la responsabilidad sobre el otro y sobre las circunstancias, tiene sus principios edénicos. Analicemos *Génesis 3:11-13 ¡que cuadro más interesante!* Dios le pregunta a Adán que *quién le enseñó que estaba desnudo.* Y Adán le respondió, *la mujer que me diste, y la mujer culpó a la serpiente.* Es decir, de estar enfocados y vivir mirando cara a cara a Dios, a querer saber lo desconocido y llegar a ser lo que supuestamente haría a Eva, más sabia y de vida sin límite, más allá de lo que era, estaba muy remotamente lejos de lo que Dios había determinado para ellos dos, estuvo muy lejos de la verdad pues nuestros primeros padres, fueron creados a imagen y semejanza de Dios y no existían los límites, por ende, no existía la escasez de sabiduría, pero un desenfoque los llevó al caos.

Adán y Eva negociaron la bendición de poder ver a Dios cara a cara por anteponer sus intereses personales.

Cuando compartieron con el que "les susurró verdades a medias", este les sembró dudas e intrigas en sus corazones; cambiaron independencia y bendiciones por una sabiduría desconocida por medio de un ofrecimiento poderoso: *Seréis igual a Dios*; aquello trajo como consecuencia la destitución de su roles del principio para entonces, vivir muy cerca del usurpador, acusador, diablo, Satanás, serpiente antigua, y con aquella decisión, sembrar para siempre las mismas propuestas, mentiras, engaños y esclavitud, extensibles a las generaciones post-edénicas.

Actualmente todos vivimos bajo un patrón de prioridades. Y son ellas las que nos definen ante otros. Ante tu cónyuge, hijos, familia, amigos, comunidad, ministerios y otros. Recuerda que las metas son necesarias para alcanzar la plena realización de sueños. Pero, esas metas deben ser primeramente sujetas a la voluntad del reino; presentadas para poder tomar la decisión de proseguir o esperar. *"Nosotros trazamos un rumbo, pero nuestros pasos los dirige el Señor" (Proverbios. 16:9)*

Todos tenemos una capacidad impresionante de crear, de planificar de buscar alternativas, pero al final prevalecen los designios del Señor. *(Proverbios.19:21)*

En ocasiones no son los planes los incorrectos sino el tiempo o era que seleccionamos para la ejecución. Así opera el reino, todo tiene su momento oportuno, *"Hay un tiempo para todo lo que se hace bajo el cielo" (Eclesiastés.3:1)*. Esto debe ser considerado en cada momento u oportunidad que se presenta, en cada situación que demanda una respuesta inmediata pues nuestro Creador porque El obra a favor nuestro y nunca permitirá nada que nos desenfoque. Puede ser que nos permita ver cómo somos de creativos. Si nuestra decisión nos lleva a algún tipo de atadura o desvinculación con la armonía del reino de seguro, el proveedor de nuevas oportunidades, Jehová Jireh, a su tiempo, nos llevará por otra dirección que posiblemente al momento no entenderemos.

Algo muy importante que debemos considerar, es hablar de nuestros planes con nuestro cónyuge y ponernos de acuerdo en oración para entonces esperar pacientemente en el Señor y Él dará las coordenadas correctas para llegar o pasar al otro lado, a otro nivel, a un nuevo tiempo en el que ambos serán bendecidos, ensanchados y multiplicada toda siembra convirtiendo cada terreno que pisen en uno fértil, para ustedes, su descendencia y las naciones.

"Porque yo sé...dice nuestro Padre, los planes que tengo para ustedes, planes de bien, no de calamidad, a fin de darles un futuro y una esperanza" (Jeremías 29:11)

Hay un plan para cada uno de nosotros. Un plan para tu vida, familia y generaciones; ese plan es para darte una tierra, una familia bien establecida, un negocio, carrera, salud, y vida abundante...tus sueños son limitados en comparación con los que Él tiene pautados para ti; además, quiere darte esperanza, expectación cada día por lo nuevo que quiere traer para ti y los tuyos. *¿Qué te parece? Es maravilloso.*

Por favor, no permitas que el acusador siembre en tu terreno el egoísmo, orgullo y la incertidumbre. Créele al Señor, declara junto a tu cónyuge *"mi casa y yo le serviremos a Jehová" (Josué 24:15)* y *"ningún arma forjada podrá contra nosotros" (Isaías 54:17)*

Pasen tiempo juntos adorando a Dios, agradeciendo en todo tiempo por lo que ha hecho y por lo que hará y la promesa se materializará sobre ustedes, es decir, *"Él concederá las peticiones de tu corazón." (Salmos 34:7)*

Es tiempo de revisar nuestras prioridades y ponerlas bajo la perspectiva del reino que opera a nuestro favor. ¡Siempre!

Revisa tus prioridades

¿Quién, o quienes dirigen tu corazón? ¿Qué cosas gobiernan tu corazón? Una pareja debe revaluar sus prioridades y conversar sobre

ellas para poder estar claros y consientes, sobre qué cosas están tomando su tiempo, dinero y esfuerzos. El tiempo invertido en estudios, trabajo, hijos, carrera, deporte, iglesia, ministerio, amigos, recreación, negocio, y hasta en el cuidado personal, no debería ser llamado tiempo perdido; no hay tiempo perdido sino, mal gastado. Todo eso no puede convertirse en algo negativo. *¡Claro que no!*; el orden, tiempo y esfuerzo, será lo que marcará la diferencia, un balance y acuerdo entre ambas partes, eso será la clave. Debemos siempre recordad que tu único Proveedor y Dueño de todo, será el que dará la dirección, energías y sabiduría para que tu casa sea cimentada en buen terreno.

"Yo soy el camino, la verdad y la vida (Juan14:6) Es decir, mírame solo a mí y verás claro el camino, aunque no entiendas la ruta que te ha tocado transitar, también te deja saber que sólo Él, sabe lo que es mejor y no debes prestar tus oídos a las mentiras o medias verdades de otros, sobre lo que debes hacer y como debes proceder. Además, te asegura que te dará las fuerzas y vigor para seguir por el camino, que aunque parece terreno pantanoso, es fértil al otro lado. No te quedes junto al camino, ve por el camino con Él y verás que lo que te espera, es perfecto para ti y tu familia.

Hay caminos que parecen ser buenos

Tenemos que reconocer que muchas veces procedemos por emoción, a veces perdemos el enfoque por el fin y no vemos los propósitos. ¡Si! *(Proverbios16:25) "Hay caminos que al hombre parece derecho pero su fin es camino de muerte."*; es decir, no te aferres a tu prudencia, conocimiento, dolor, o resentimiento para tomar decisiones; si sufriste abandono físico o emocional en la niñez, no pretendas tomar el control sobre tu familia ahora, y determinar qué es lo mejor para tu cónyuge, tus hijos o para tí. Enfócate; recuerda que todo es de Él, y por Él. ¡Confía! Dios te honrará y bendecirá; enjugará cada lágrima y te dará cada día un mapa para tu vida, días, horas y minutos. Solo tienes que creerle. Abandona tus cargas y deja que sea Él quien las lleve. Cree por fe que todo fue terminado en la cruz. Jesús murió para darte una vida nueva, para cancelar la enfermedad, se hizo pobre para que seas rico, y te restituyó como hijo amado. Su favor y su gracia están sobre ti cada día; ya no tienes que vivir bajo la incertidumbre, ya eres libre de condenación. *Ningún arma forjada podrá contigo.*

Conforme a lo anterior, tus planes ya no deben ser tuyos, ni tus derechos, justicia, menos tus pensamientos; ahora debes apropiarte de su vida, y su gracia que es abundante, te dará la cobertura para todo en tu vida. Cada etapa de tu existencia trae desafíos que te harán dudar, habrán momentos de incertidumbre, pasarás por tiempos decisivos, pero también sentirás tiempos de pausa, paciencia y paz. Para mí, son de los más difíciles, pero su fin es poderoso porque te llevan a esperar, creer y vivir únicamente en fe y por la fe.

Quiero que sepas que todos tenemos el deseo de ser buenos con nuestra familia, cónyuge e hijos; pero recuerda que todo lo justo viene de Dios. Transfiere cada desafío al trono de la gracia y descansa en su soberanía. Durante este caminar, repasaremos y entenderemos cómo es necesario un cambio de mentalidad, para poder permitir que Dios que se vaya formando en nosotros y recuperaremos lo perdido o arrebatado, enterrando la culpa y librando batallas por las fuerzas del Espíritu en nosotros. Si quieres ser pleno de poder y autoridad, y nunca le has cedido al Señor tu ser, declara conmigo: *"Quiero ser libre de mi mismo, cedo mis derechos, mis deseos, mi ser. Creo que Jesucristo murió por mí y es mi Salvador. Soy nueva criatura en Cristo." Amen*

Recibe tu herencia y vive como hijo del reino. *¡Piensa y actúa como tal!* Bendecido eres con toda bendición espiritual, desde lugares celestiales. *(Efesios 1:3)* Recibe esta revelación y disfruta de todo lo que ya se está depositando en ti y sobre cualquier situación de tu vida natural. El favor y gracia de Dios están sobre ti.

Descarta todo lo que te aparta de tu propósito

La vida de pareja conlleva desde el principio, una serie de ajustes. Los ajustes son necesarios constantemente y son una muestra de cuánto deseamos tener muchas vivencias de crecimiento y desarrollo. Son una muestra de que dejamos de ser el centro, como cuando vivíamos con nuestros cuidadores primarios y queremos que nuestra pareja sepa, que ahora somos un equipo buscando un bienestar común.

¿Cuándo llegan los tiempos de ajuste? ¿Por qué se convierten en temporadas difíciles, cuando su origen es trabajar por un bienestar común?

Llegan cuando comenzamos a cambiar nuestras prioridades y el cónyuge se inquieta, casi siempre trae como consecuencias que uno de los dos que componen la pareja, se incomode porque no se ve ningún avance dado que el esfuerzo en tiempo y dinero, no se hace productivo, además de enfriarse las relaciones familiares, de padres e hijos.

Los cambios de prioridades comienzan con un pensamiento; eso nos lleva a comparar lo que estamos viviendo (lo que nos falta), con lo que otros, con poco, o ningún esfuerzo, ya alcanzaron o están en proceso de alcanzar; lógicamente eso es lo que se percibe desde el otro lado del río.

Querer estudiar, comprar una vivienda, ahorrar dinero, comenzar una empresa, o lo que sea, resulta un reto que causa frustración si no se logra el objetivo, o se desconoce como poder lograrlo ante los desafíos que se enfrentan en el intento; en esos momento es entonces cuando se comienza a ver al cónyuge como el culpable por no lograrlo; también se acusan de no poder seguir avanzando en lo que tanto se anhela en esa sociedad conyugal. Es en ese punto, en donde se deben consolidar nuestros sueños para viajar juntos en una misma dirección, en la que ambos puedan participar del proceso, progreso y avance del otro u otra, reconociendo, cómo juntos y en armonía, logramos nuestros sueños.

Este proceso es un desafío activado por la fe, creyendo que el Dador de las oportunidades, *Jireh,* tiene reservas especiales para cada uno de nosotros. Sería justo y acertado que como pareja hablen de sus metas, planes y acciones para lograrlas Lo siguiente es, como pareja, estudiar las alternativas viables para alcanzarlas, siempre enfocados en buscar el beneficio y bienestar de todos, o sea: No dejar nada sin plantear como gastos, beneficios a corto y largo plazo, tiempo necesario para el desarrollo del proyecto, metas, objetivos, tiempo de calidad para la familia, pareja y niños, si fuera el caso.

Muchas veces, cuando surgen desacuerdos en cuanto a planes y metas del cónyuge, aún después de haber dialogado sobre ello, se comienza un plan alterno. Poco asertivo, y orquestado por las emociones y dirigido por los asesores del usurpador de este mundo. Se le da rienda suelta al ego y comienzan a demostrarse a sí mismos que pueden hacer cosas y que lo que emprenden les sale bien. Invierten dinero, tiempo y esfuerzo en su sueño y dejan a un lado a su cónyuge y al Dador de las oportunidades. Se crea un espíritu de independencia, de arrogancia y necedad, que poco a poco va arropando de forma negativa la relación. De esta forma se afectan todos.

Es un engaño que definitivamente, su origen es opuesto al plan de Dios para nosotros. Este engaño trae coraje, frustración y desilusión. Para poder descartar lo que los puede desenfocar, es necesario que se mantengan conectados al que conoce el principio y el fin, el que todo lo puede, al que sabe lo que es mejor para cada uno de los que en El confían.

Lo que puede desenfocar para que sean abortados los planes que el Señor tenía pautados:

1- Conversaciones que solo resaltan lo que no tenemos.
2- Vivir juzgando y criticando al cónyuge.
3- Personas frustradas y negativas cerca del círculo familiar.
4- Poca comunicación con el cónyuge y mucha proximidad con amigos y otros. Haciendo a estos participes de nuestros sueños, antes que al cónyuge.
5- Darle prioridad a nuestra imagen, con motivo de sentirnos aceptados por otros.
6- Gastar dinero sin hacer presupuesto junto al cónyuge.
7- Actividades y modo de recreación sin invitar al cónyuge ni tomarle en consideración.
8- Exceso de trabajo.
9- Exceso de estudios.

"Desconectados de la vid nada podéis hacer"(Juan 15:5)

Cuando hay ausencia de complacencia en Él y en su palabra, no se tomarán las mejores decisiones, ni se gozará de los deleites que están reservados para los hijos del reino. Será evidente la falta de creatividad, las fuerzas físicas y emocionales se verán afectadas, y el área espiritual reconocerá un vacío que nada puede llenarlo. Gozo

¡*Buenas noticias!*

Pasa tiempo a solas y regocíjate con Él, juntos como pareja, pidan con fe y con acción de gracia, aun cuando no sepan lo que está por suceder, solo creyendo que son hijos amados del Todopoderoso, y que Él quiere mucho fruto para ustedes y para su próxima generación.

Es muy importante poner las diferencias y desacuerdos a un lado y soltar las razones y derechos lo cual los llevará a nuevos niveles de razonamiento. No es fácil, porque habrán personas y circunstancias, que te confirmen que es pérdida de tiempo contar con Dios. Te puedo garantizar que **Deuteronomio 28:1-14,** sigue vigente para este tiempo y si lo declaras con autoridad, reclamándolo tuyo en el espíritu, serás sorprendido en el tiempo perfecto del Señor, por las bondades y maravillas que tiene reservadas para nosotros.

Si escuchas su voz atentamente, vendrá sobre ti y sobre tu casa mucha bendición. Te exaltará; ya no serás visto igual; *¡ya no serás para tu cónyuge invisible, ni para nadie! ¡Comenzarás a levantarte!* Vendrá sobre ti todo tipo de bendición. Lo que estaba en terreno pantanoso, será removido a lugar fértil. Serás bendecido en todo, tu casa, hijos, familia, empresa, proyectos, lugar de trabajo, ministerio, a donde te muevas, ahí llegará tu bendición. Hay una palabra sobre ti: *"Jehová derrotará a tus enemigos. Los va a dispersar ¡Saldrán huyendo! Ay de aquel que se levantó contra ti. Dios te exaltará y te hará justicia."*

¡Comienza a escuchar su palabra y créele! Para lograr cobertura, recuerda darle autoridad para que entre a tu vida y le hagas tu Señor. Si no lo has hecho, hoy tienes la oportunidad, que sin duda, es la mejor de las decisiones.

Repite y declara: *"El Señor es mi Salvador y creo que su muerte en la cruz trae a mi vida una nueva oportunidad. Que soy una nueva creación en Cristo. Que su sangre me limpió de todo pecado y soy nuevo en Cristo Jesús."*

Extiende tus manos al cielo y declara con convicción: *"Yo y mi casa le serviremos a Jehová"*. ¡Esto es un acto de fe! Cubre a tu cónyuge en el nombre de Jesús. *¡Declara bendición sobre su vida!*

En este momento oro por ti, aunque no te conozco, sé que su victoria sobre ti es real, *¡Créele! ¡Tendrás Éxito! ¡Gracias Abba!*

Capítulo 2

T- TIEMPO
"PARA CONOCERNOS"

Cuando Soñaba con Conocerte

Cuando estamos en busca de una pareja, es decir, estamos solos, nos hacemos la idea de que la persona ideal y hasta perfecta, llegará a nuestra vida y con ella seremos muy felices por siempre. Nos hacemos la idea de cómo será nuestra vida al lado de esa persona, la idealizamos; creamos vínculos imaginarios hasta con la familia de esa persona imaginaria, que hemos creído será nuestra pareja. Hacemos votos, sí, y hasta los compartimos con aquellos que nos dan la oportunidad de hablar sobre ellos. Por ejemplo: te preguntan: *¿qué opinas sobre la infidelidad en el matrimonio y sobre crianza, sobre finanzas, relaciones familiares?* y sobre cada tema reaccionas y afirmas lo que crees que debe ser. Desde entonces estás sembrando lo que de una forma u otra te comerás. *¿Por qué siembras?* Para ver fruto y comer, *¿verdad?* Pues así comienzan tus palabras a crear un mundo de vida o muerte. Declarando lo que trae vida o muerte a tu vida. Si, *(Proverbios 18:21)* dice **"La muerte y la vida están en el poder de la lengua y el que la ama comerá de sus frutos."**

Sin darnos cuenta creamos un sistema de creencias basado en la crianza, impacto, y desarrollo que tuviste de tus familiares primarios. En adición, creamos un sistema de defensas para filtrar todo aquello que entendemos y que pudiera convertirse en una amenaza para nuestra futura relación. Evaluamos a las personas en base a nuestras vivencias, es decir, lo pasado, que nos detuvo, que nos dañó, que nos impidió a nuestro parecer, llegar a ser lo que hubiésemos querido ser. Evaluamos en base a las deficiencias en el sistema familiar en el que nos desarrollamos. Cada punto de referencia nos guiará con determinación para lograr un cambio.

Ahora bien, *¿qué tal si nuestras referencias no son las correctas? y más aún ¿Cómo reconocer estando solos, cuán importantes son las referencias correctas?*

Pues si estás leyendo este libro, créeme que no es casualidad. Juntos analizaremos las mejores alternativas y tomarás decisiones en base a lo que enriquecerá tu vida lo cual traerá bendición. ¿Qué mejor que vivir guiado paso a paso por Dios, el cual conoce lo que es mejor para sus hijos, nuestro Padre y Creador de todos?. La Biblia declara en (*Proverbios 10:22*) *"Su bendición enriquece y no te añade tristeza"*.

En mi experiencia laboral he visto cuán fácil es para muchos reconocer y cancelar los hábitos nefastos de sus familiares de antaño, aquellos que sin piedad fueron piedra de tropiezo para sus hijos y que jamás se involucraron en los planes de estos, mucho menos se preocuparon por ayudarles a ver el futuro y la vida con optimismo y determinación.

Es fácil repudiar actitudes y estilos punitivos o negligentes, pero cuán difícil es reconocer referencias negativas o incorrectas, de parte de unos padres que aunque fallaron, muchas veces estuvieron ahí y crearon vínculos con nosotros. A nivel psicológico, esto es un proceso que va desarrollándose y que nos lleva a ver lo indeseable o hasta molesto, como correcto de parte de esa persona con rol de custodio, a esto se le conoce como lealtades y en base a esas lealtades, tomamos decisiones y hasta se cambiamos ideales y se desarrollan personalidades sin criterio propio. Qué difícil de entender para muchos, y qué triste cuando se vive toda una vida bajo esa premisa. Sólo se es libre de lealtades en el mundo natural, cuando las cedemos al que ha prometido su presencia por siempre en nuestras vidas; Jesús.

Cristo Jesús dijo *"Yo estaré contigo todos los días, hasta el fin"* Mateo 28:20 esto es, *"Sin Reservas"* y será para bendecirnos y darnos la dirección, que nos llevará al cumplimiento de propósitos divinos, exonerados de toda pérdida y bañados de la bendición que enriquece. Es tiempo de cederle nuestra lealtad a Él. *¡Solo a Él!*

La aportación y la influencia de los cuidadores

¿Qué clase de aportación recibiste? ¿Cuánto influyó o influye en tu vida actual esa aportación? Algunos están resentidos y viven atormentados, porque la aportación solo fue traerlos al mundo. Otros agradecen por la aportación monetaria que tuvieron. Otros refieren que solo fueron empujados al abismo. Otros creen que solo fueron utilizados para realizarse en ellos. Otros vivieron episodios de dolor, vergüenza y maltrato que causaron heridas del alma, que hasta el presente cargan. Otros piensan simplemente, por qué no fueron mejores, porqué me tocó pertenecer a esta familia. Otros viven agradecidos y decidieron que cuando tengan familia, serán muy parecidos sus estilos de crianza.

La realidad es que una madre tiene mucha influencia sobre sus hijos. Esa figura sola o acompañada de pareja siembra ideales, criterios y preferencias en sus hijos. En la forma que lo hizo a través del tiempo, hará casi permanente en el carácter de su hijo un mapa conceptual de cómo deben ser las cosas, lo correcto y lo incorrecto, según su sistema de creencias. Su forma de evaluar las situaciones, de reaccionar ante los eventos relevantes, también será parte del paquete de información de referencia, que será pasado a sus hijos. Es una figura que como su rol, es de cuidadora y de protección, el menor o la menor asume, que es esa la referencia que le librará de estar desprovisto o abandonado, por ello se aferra a esa figura, sin evaluar el porqué de las cosas. Esto así, tiene una fecha límite, pues cuando llega la adolescencia, comienzan las evaluaciones y los cambios de patrones establecidos. Parte del ciclo de vida del adolescente es buscar respuestas, crear soluciones y nuevas rutas para su vida, en este proceso se busca identidad. Aún cuando los jóvenes analizan y repasan su adolescencia y deciden que cortar con algunos de estos paquetes informativos adjuntados a su carácter, le será muy difícil, pues fueron parte de la formación de su carácter. *(Esto ocurre los primeros 6 a 8 años)* Crea confusión, sentimientos de culpa y puede que hasta dolor emocional. Esto se debe a las lealtades establecidas desde la niñez.

Engler, Barbara en su libro "Teorías de la Personalidad" dice que: En 1996 encontró que Eric Ericson había sugerido que la adolescencia es un periodo crucial en particular, debido a que la adolescencia es una moratoria entre la infancia y la edad adulta y consideraba a esta moratoria importante, en particular en una sociedad compleja. El adolescente que no puede encontrar un papel adulto significativo, corre el riesgo de una crisis de identidad, una falla transitoria en el establecimiento de una identidad estable.

Fíjese: niños desaprobados, abandonados emocional o físicamente por uno o ambos padres; niños que fueron maltratados o rechazados, cabe la posibilidad de que estos sigan por algún tiempo al cuidador o padre, extrañarle y hasta serle fiel por tiempo definido ya que puede ser que con el paso de los años, ante ciertas circunstancias decida analizar y reevaluar el rol de este, para determinar con objetividad, cuánto daño causó o permitió esa persona que se supone, sería su cuidador, protector, padre o madre y guía. Son los llamados procesos de sanidad interior los que de forma voluntaria y dirigida por un especialista en la conducta humana, llevarán al cliente a ver la vida desde otra perspectiva. De esta manera al llegar a formar relaciones de pareja, podrá tomar decisiones basadas en la realidad presente y con objetividad, llegando a esa relación con pensamientos llenos de optimismo, y albergando esperanza para su futura familia.

Sin embargo, ese proceso aunque necesario no es el que validará su vida, ni le dará paso la redención que deben pasar a aquellos que te lastimaron. Es preciso aceptar como necesario un proceso que implica un gran desafío: Desprenderse de aquello negativo que sembraron, y que ha dado poco o ningún fruto en su vida. Esto comienza a ser real cuando dejamos el pasado a un lado y se comienza a aferrar a un futuro esperanzador lleno de buena semilla, en terreno fértil.

Un padre o una madre o cualquier cuidador, te puede abandonar, herir o aborrecer en algún momento, por las razones que ellos crean. Nunca será aceptable pero recuerda, solo uno es justo, bueno, perfecto y capaz de sanar tus heridas, también perdonar tu rencor y sembrar en ti misericordia y perdón. Eso un don de Dios. *(Génesis 28:15)* "*Hoy quiere decirte: yo estoy aquí, contigo, y te guardaré*" Si otros no te cubrieron en amor, protección, Él es fiel, y vio todo y te dice: "*por donde quiera que fueres te guardaré, y volveré a traerte a esta tierra*".

¡Si! Dios quiere darte una un nuevo tiempo, llevarte a tierra fértil con semilla buena; también dice: "*no te dejaré hasta que haya hecho lo que te he dicho*" es decir, mi querido amigo, lo que declaró sobre tu vida será hecho. ¡*Gloria a Dios!*

Solo deléitate en Él, pasa tiempo con Él, conócele, y verás como su carácter, su persona impacta de manera sobrenatural la tuya, cancelando aquello que por días, años, o largas temporadas, fueron causando dolor, temor y descompensación en tu ser. Solo entregando tu ser, espíritu, alma y cuerpo, únicamente enfocados en Dios y reconociéndolo en todo, verás cómo eres libertado y serán concedidas las peticiones de tu corazón.

Si lo crees repítelo no una vez, varias, muchas veces: *"Yo le creo a mi Creador, mi Padre, yo soy tierra fértil y lo que el sembró en mi, dará mucho fruto. Y mi casa tendrá mucho fruto, hasta para compartir".* Amen

Yo_____ soy buena semilla en Cristo. Y mi terreno se ensancha. Es fértil pues Él dio la semilla y mueve la tierra. *Amén*

La ausencia o menoscabo de paternidad

Tanto la figura materna como la paterna, tienen un rol sumamente importante en la vida de los menores. Si repasas tu niñez te darás cuenta que ambos aportaron a tu desarrollo como persona y podrás identificar la admiración que sientes por uno, o ambos. También identificarás las debilidades y fortalezas de cada uno y puede que hasta le pases factura por tus traumas de vida. Es cierto que ambos tienen la capacidad de influenciar, pero tengo que aclarar que el rol de cada uno es único y esencial en el desarrollo de cada niño.

El padre en la actualidad acorde con los paradigmas del presente, ahora tiene un rol de presencia y cuidados que antes era simplemente excusable y no obligatorio. Era la madre la que asumía la responsabilidad de cuidados y la que velaba por el desarrollo del menor en casi todos los aspectos de la vida. En la actualidad, la participación del padre en la vida del menor, transmite un mensaje de seguridad y de valores familiares que envuelve a todos por igual. Cuando el padre no está, sea por muerte o por separación conyugal, es vital que regularmente se mantenga presente en conversaciones la figura paterna, pues el menor debe sentir la seguridad de que el progenitor, aún en su ausencia es importante en su vida. Los dos deben tener presente que los problemas conyugales, nada tienen que ver con el amor que profesan hacia sus hijos; los pleitos verbales entre parejas frente a sus hijos, traen conflicto a los hijos sin importar su edad pues de forma inconsciente, el menor se identifica siempre con el más débil, de igual forma siempre tendrá su lealtad para con él y eso se llama, división. Esas actuaciones, son el peor ejemplo que se le puede transmitir a un menor en su formación.

Si eres misericordiosa con ese padre que estuvo ausente en tu vida o con el padre de tu hijo(s), habrá sobre ti por siempre una promesa, y es que *"te aropará la misericordia del Todopoderoso" (Mateo 5:7)*

El apoyo familiar abuelos, padrastro o tíos es una buena alianza, pero nunca será tan reconfortante si antes no le proporcionamos al menor la idea de que tiene un padre, del cual, aunque poco tengamos para mencionar de él, lo haremos desde la perspectiva objetiva y correcta hablando de los atributos que ese padre pueda tener, por ejemplo, de lo que aportó genéticamente y de lo que puede, o podría representar a futuro en la vida del menor.

Es necesario sembrar esperanza, perdón, restauración, fidelidad en la relación sin esperar mucho, poco o nada a cambio. Esto aunque es difícil de entender y de sobrellevar en medio de un conflicto como traición, necesidad o enfermedad, traerá a corto o largo plazo una estabilidad, sensibilidad y humanidad en ese menor, lo que se verá reflejado en su vida con muchas posibilidades de gozar de salud emocional; esto es promover higiene mental en los hijos, aún en los más pequeñitos.

Los varones se identificaran con su padre y las niñas con su madre. Los niños aprenderán observando las actitudes, que asuman los padres frente las dificultades, y las decisiones que tomen en cada acción de sus vidas. Aprenderán a reaccionar por modelaje, cómo tomar decisiones, levantarse de las caídas y asumir responsabilidades. Los padres deben saber que tienen sobre su persona, una "vigilancia" constante por parte de sus hijos que están formando su carácter y siempre listos para copiar, exhibir conductas y actitudes que han observado en los padres como ejemplo. Esa es la formación de los hombres y mujeres como buenos ciudadanos, esposos, hermanos, y posiblemente, padres en un futuro.

La milla extra siempre será la mejor opción para los que ven las cosas desde una perspectiva divina. Ama y da sin esperar nada a cambio, ora por los que te lastimaron y busca siempre la paz. Recuerda que el Creador de todo *hace salir el sol sobre buenos y malos* y desea que comprendas que todo lo está usando para bendecirte. Solo quiere tu corazón limpio, que te separes para Él y que creas con fe, aún en medio de adversidades, problemas o dificultades. (*Marcos 5:39-48).*

No tiene sentido

Las circunstancias que producen dolor y abandono nunca tienen sentido para nosotros. Entonces *¿por qué debo ser benevolente con los que me lastimaron, o con los que aún pasado el tiempo, siguen* *ahí como si nada?* Muchas veces la idea errónea de mantener fresco en nuestra mente cada eslabón de dolor, es lo que nos lleva a vivir en una prisión en la que poco a poco vamos empujando a ella a todo aquel que está cerca; puede ser al cónyuge o futura pareja, o a los hijos; estos son los más vulnerables y con menos capacidad para sobrellevar las cargas.

Adoctrinar a otros es una tarea que no implica muchas habilidades; solo basta un día a día creando o simulando reacciones de dolor y desesperanzas, repitiendo siempre la misma historia y manipulando las circunstancias. Si llevas este modo de vida por el modelo de tus padres o cuidadores, se hace necesario soltar y desaprenderte de ese sistema. Puede que hayas logrado conseguir la persona correcta, pero la continuación de ese proceder podría llevarte a perderla en poco tiempo, o mantenerte lejos de las mejores opciones para tu vida.

Antes de mirar afuera

Examina tus patrones familiares. Identifica que figura estuvo ausente emocional o físicamente y analiza cómo has trabajado ese sistema de creencias, o banco de referencia que se implantó en tu vida. Reconoce como reaccionas ante las injusticias actuales, y a quién le adjudicas tus cambios emocionales. Revisa por donde van tus destrezas de perdón y misericordia. Si eres capaz en tu análisis de reconocer que necesitas sanidad interior y algo más para seguir adelante, ten la seguridad de que aunque no será fácil, será mejor que lo que has vivido hasta ahora.

Si estás soltera(o) es un buen momento para tomar una pausa y buscar libertad en cada área afectada, antes de unirte a alguien que conoce poco o nada, de tu banco de referencia, porque seguramente, él, también viene con sus propias referencias, listo para compartirlas contigo como las correctas y necesarias para ser felices. Recuerda que tus planes pueden sonar razonables, y a lo mejor están llenos de buenas intenciones. *"Pero la última palabra la tiene Él" (Mateo 1:23)*

Las mentiras, medias verdades y manipulaciones para llegar a la persona con la que sueñas, o con la que ya estás; pero que emocionalmente estas distanciado (a), nunca te llevará a una relación de compromiso estable. Jesús dijo: *"La verdad te hará libre" (Juan 8:32)*

A esta verdad llegamos cuando decidimos que nuestras fuerzas, ideas y manipulaciones ya no rinden fruto. Cuando vemos que todas las alternativas se cierran; cuando reconocemos que somos tan humanos como los que nos humillaron y dañaron de una forma u otra; cuando nos damos cuenta que es tiempo de vivir de otra forma; libres para amar, entonces entramos en el mejor período, en el que decidimos mirar adelante y entregarlo todo al dador de las nuevas oportunidades, ¡*Jireh!*.

Te invito a que le permitas a Tu Papá Abba que cambie tu sistema de creencias. Todo lo adherido como si te perteneciera, solo Él puede sacarlo de tu mundo interior y darte nuevas memorias.

Pues déjame explicarte que eso no pertenece a tu vida. *No*. Fuiste creado para una vida abundante; para dominar la tierra que se te otorgue y para ser tierra fértil en todo tiempo. La gran pregunta es: pero Mayda, *¿por qué tuve que pasar por tanto dolor?;* no te tengo las respuestas para cada evento, que lamento mucho hayas tenido que vivir, por eso oro desde que comencé a escribir para que el Espíritu de Jehová te arrope y te cubra de esa paz que en algún momento como yo, perdiste. Pero si te puedo dejar saber que nuestro Dios en su soberanía y bajo las leyes que opera el Reino, no tiene el control de las decisiones que algunas personas tomaron para afectarte, tampoco controla los impulsos carnales y viles de aquellos que viven en rebeldía y buscan hacer el mal, pero nos asegura que su amor jamás se verá afectado y que estará siempre a nuestro lado, aún cuando no lo sintamos porque Él es fiel y justo para con nosotros.

¡Cada promesa es para ti y para mí! Es tiempo de aferrarnos a ellas declararlas con convicción, reconociendo que somos diferentes por lo que tus allegados, no te reconocerán. Ya nada es por esfuerzo propio ni por modelar a otros, que enamoran con su proyección; ahora será por tu decisión, por haberle permitido a Dios, hacerse uno contigo, es cada vez más como Él y menos tú. De seguro, te garantizo que tendrás el discernimiento divino para todo lo que necesites realizar y para tener éxito en todo lo que emprendas, y por sobre todo, para vivir con expectación esperando siempre lo mejor.

Sal del terreno fangoso estéril, que te han hecho creer que es tu herencia. Tu herencia no viene de tu familia ni de la suerte que ofrece el mundo natural. Recuerda que lo mejor fue separado para ti, y ya lo tuyo fue enviado por el Todopoderoso, y jamás te podrá ser arrebatado. ¡Ve por tu bendición y disfruta la vida abundante prometida! *(Salmos.119:17)*.

Lo que me persigue o lo que busco

El ser humano tiende a relacionarse con personas con las que de una forma u otra se siente identificado. Siempre hay algo los une, ya sea gustos, preferencias, ideales, profesión, estatus social, política, religión, deportes, música, etc. pero también hay temporadas de vida que en medio de la soledad, y ausencia de respaldo, se va creando una bandeja de vulnerabilidad, confusión, incredulidad y dudas con respecto al futuro y que sin darnos cuenta, nos lleva a crear nuevas conexiones como amistades, círculos sociales u otras influencias a las que nos aferramos, pensando que serán nuestro bálsamo por siempre, y creemos que son los calificados para entender mejor nuestra situación, y hasta les entregamos el botón de nuestras emociones, dejándoles saber nuestros puntos débiles y revelando cada uno de nuestros sueños.

Nos acercamos y buscamos más contacto cuando esa persona nos brinda atención, y cuanto más proximidad y aceptación haya, más nos dejamos conocer. Por el contrario, si percibimos que algo de nuestro ser como criterios, costumbres, físico, etc. es rechazado, de inmediato iniciamos el proceso de alejamiento por instinto de protección. Si te das cuenta, todo gira en torno a las emociones y estados de ánimo mezclado con sentimientos de desamparo y búsqueda. Muchas son las parejas que al tiempo de conocerse, se hacen la gran pregunta: *¿y por qué llamaste mi atención?*

Hablé de proximidad y de forma sencilla te explico el término. Cuanto más te expones a alguien o algo, te acostumbras, te acomodas y hasta te enamoras sin tomar en consideración el que estés en desacuerdo en ciertos estilos o actitudes de la persona. Pasas por alto en ocasiones la lógica para dar cabida a las emociones del momento.

Las emociones ligadas a sentimientos de abandono y desesperanza, pueden ser los aliados más peligrosos al momento de conocer personas y dar paso a la proximidad. Es recomendable que después de una separación permanente como divorcio, muerte de cónyuge o ruptura de relación, debes darte un tiempo de 9 meses a un año; ese tiempo debe ser para sanar heridas de abandono, dolor emocional y pasar por un proceso de introspección con el fin de aprender de lo sucedido, crecer, reeducarnos, modificar conductas, motivarnos, reinventarnos y realizar que podemos estar en buena compañía con nosotros mismos, para luego enfocarnos en un nuevo paso.

Si bien es cierto que cada etapa vendrá cargada de nuevas experiencias, desafíos y personas, también es cierto que no todo lo que se nos presenta, cumple necesariamente los propósitos predestinados por el Todopoderoso y que seguramente, te llevarán a la vida abundante que se nos ha reservado y que está desde ahora disponible para los hijos del Reino, aquellos que pasamos por fe y por la gracia del Señor, a la vida de luz. *¡De oscuridad a luz!*

Entonces la pregunta es: *¿cómo saber si estoy en el lugar, la dirección correcta, y bajo la perfecta voluntad divina?* Si supiéramos cada detalle de nuestras vidas, viviríamos creyendo y viviendo por nuestras fuerzas, y seguramente veríamos a nuestro prójimo por encima de nuestro hombro con lástima, desdén y quizá hasta con desprecio, si se tratara de un familiar puede que el trato sea con coraje y culpabilidad. *¡Gracias a Dios que no es así!* Se nos dan promesas y se nos indica como refugiarnos en la roca que es Cristo Jesús. Se nos instruye a esperar en paz y estar en ocasiones quietos, pues es en su tiempo (*kairos*) cuando de seguro se desatarán provisiones especiales, se revelarán nuevas rutas alternas, y se manifestará su poder de forma sobrenatural.

Mientras tanto, es menester tener una relación con Él como nunca antes lo habíamos hecho, adorándole, agradeciendo por todo lo que estemos recibiendo y por lo que no vemos; pero que sabemos está reservado para nosotros. Creyendo que cada promesa se cumple y que están ahí para hacerlas nuestras. Más que pedir, primero reconocer su amor, sus misericordias, perdón, y sacrificio en la cruz, y mantenernos firmes en el día difícil sabiendo que pasaremos al otro lado con fuerza y autoridad delegada en Cristo pues somos, tu y yo, ¡*la justicia de Dios en Cristo!* de esta forma tendrás discernimiento divino y podrás reconocer, las conexiones divinas reservadas para cada época. Los detalles del camino solo los conoce Él, a ti y mi nos corresponde ver al otro lado y confiar que su voluntad hacia nosotros, como lo dice Pablo en *Romanos 12:2,* es *"buena, agradable y perfecta"* es decir, que en medio de nuestra atmósfera Él enviará cosas buenas, personas buenas, circunstancias agradables, ayuda sorprendente, ángeles ministradores asignados para lo que tu ni imaginas, y lo más impresionante, ¡*todo en el momento perfecto!* ni antes ni después, pero, Él desea que le creas y para eso necesitas conocerle, tener cada día, un encuentro a solas con él, para ser procesados y despojados de todo lo que nos ata para dar pasos de fe; así todo será removido para crear una persona irreconocible.

Recuerda que ser procesado implica *PROCESO*, es decir, tiempo para dejar de resistirnos y permitirle tomar áreas que hasta desconocemos que no han sido rendidas. Dios por su gracia te va revelando de diversas formas todo lo que debe ser destronado. Te lo puede revelar mediante la adoración, prédica, sueño, lectura de su palabra, o en un libro de un buen mentor. Hay diversas formas como Dios trata con nosotros. Todo eso implica comunión a solas con Él para que ¡*en público se refleje su gloria!*

Se parece a papá (IMPRONTA)

Un dato muy curioso y documentado por expertos en conducta humana, es el hecho de que las chicas al momento de buscar pareja sin pensarlo mucho o analizarlo en un principio, buscan en esa persona rasgos y tendencias similares a su padre o cuidador. A este fenómeno en psicología se le conoce como *impronta*. Su precursor el zoólogo y etólogo Konrad Lorenz (1935). Además si tuviste una relación de aceptación, cuidados y protección de parte de esta figura, es muy probable que tus estándares sean alineados hacia esa dirección.

Desafortunadamente son cada vez más las historias de jóvenes que fueron abusadas, abandonadas física o emocionalmente por su padre o cuidador, rechazadas, desamparadas. Estas hijas casi siempre crecen con resentimiento y mucha desconfianza hacia el sexo opuesto. Realizan y declaran que todos los hombres son iguales, por ende se les hace muy difícil aceptar a un joven con buenas intenciones, pues auguran que la abandonará o hará sufrir, tomando de referencia el modelo que tuvieron en la niñez y adolescencia. Amiga: No es casualidad que hoy estés leyendo hoy estas verdades porque en Dios no hay casualidades, *¡más bien en las causas del reino!*

Se parece a mamá (IMPRONTA)

Así como las chicas y los jóvenes casi sin darse cuenta, buscan en su futura pareja, rasgos, actitudes y tendencias regularmente manifestadas en su madre o cuidadora. Como mencioné anteriormente, esto se debe en parte al proceso adquirido de apego, aceptación y familiaridad llamado impronta. *(Concepto desarrollado y estudios realizados por el zoólogo y etólogo Konrad Lorenz. New World Encyclopedia. (2018). Konrad Lorenz Imprinting (psychology).*

En la medida en que el niño haya tenido una relación de apego, con tendencias a la aceptación, relajación y respeto, en esa misma medida, las posibilidades de sentirse seguro en la adolescencia y juventud de lo que desea como futura pareja, aumentan. Si por el contrario, la relación con esta figura materna fue dominada autoritariamente creando tensión, rigidez, y ausencia de vínculo emocional, difícilmente ese joven se sentirá seguro y relajado al momento de buscar y seleccionarse con su pareja.

Si la figura materna mantuvo un patrón de apatía y de ausencia física y emocional, ya sea por circunstancias de enfermedad, trabajo u otra situación, puede ser que el vínculo que se desarrolle, sea acondicionado a las circunstancias externas como por ejemplo, tratos esporádicos distanciados, aunque puede darse el respeto y cortesía que entienden es necesario, entre madre e hijo, en realidad es un vínculo débil, lleno de dudas, con respecto a si esa persona es capaz de entender y ayudar en una situación o temporada difícil, como todos pasamos en el ciclo de la vida. La lealtad, puede ser poca o ninguna en una relación como la antes descrita entre madre e hijo. Una vez ese joven se hace independiente, suele ser para este, un proceso difícil ya que se acostumbró a ser dirigido, por lo que se manifestarán dos tendencias que son las siguientes.

1- Buscará en esa persona, referencias que reconozca similares a las sembradas por la cuidadora, aún siendo estas erróneas. Llenas de patrones que le debilitaron como persona o que muy poco le ayudaron a realizarse. Mantendrá una lealtad con la cuidadora, que en ocasiones la posicionará en un lugar estratégico para seguir dirigiendo desde las gradas, tanto detalles como decisiones de la vida del joven. De ser esta la referencia seleccionada, hasta no tener un compromiso, esto seguirá siendo así.

2- La próxima podría ser la nueva referencia que selecciona con el fin de dar pasó a cambios en modelos previamente establecidos, pero que se niega a pasar a su nueva etapa de vida y a su vez a su futura relación. Sería como lo que describo a continuación:

El deseo de encontrar a una persona que entienda el sistema y vínculos de la familia en la que creció, y que a su vez le ayude a desarrollar las estrategias necesarias para cortar con esos patrones y referencias, que en definitiva no desea para su futura relación y familia. Una pareja que le ayude a restaurar su autoestima, es decir, que le crea, le apoye en proyectos, desafíos, que le ayude a ver el camino para decidir por algo que no desea o quiere hacer, pero sin tensión y mucho menos sin presión para poder vivir sin miedo y temor a perder, o a ser juzgado. Sueña con una joven con la que no tenga que competir, ni luchar para que le reconozca. Que lo vea capacitado para alcanzar muchas victorias en la vida.

Amigo que lees este fragmento, puede ser que te sientas identificado de una forma u otra con lo antes referido. Quiero que sepas que ya he orado por ti, y por todos los que por voluntad divina tienen éste libro y lo están leyendo. No por casualidad, sino por causas divinas; pero no estás solo porque hay un futuro grandioso para ti también; es tiempo de que te relajes y descanses; esto será real si aceptas vivir bajo las leyes del reino; el reino de Dios opera en beneficio tuyo para restaurar y ensanchar tu vida. El tiempo de ser restaurado a su imagen está disponible para ti. Si quieres un nuevo tiempo para tu vida, lleno de discernimiento, sabiduría, gozo, prudencia y autoridad, debes ceder tus derechos a Él.

Declara con fe: Por mucho tiempo me sentí sin valor, con temor *y con mucha carga sobre mí.* Pero hoy sé que hay un camino trazado para mi vida. No más frustración, ni sentimientos de desamparado, postrado ante lo que otros quieran de mi. *"Porque es una promesa que prevaleceré por siempre, que cuando cayere no quedaré postrado, porque Jehová sostiene mi mano (Salmos 37:4)*

Dios sostiene todo tu ser para que vivas bajos propósitos establecidos por Él, con las referencias que te llevarán a pastos verdes de descanso, a puerto seguro, esto no es para el futuro, es para que lo vivas y disfrutes desde ahora. ¡Es decir, para que vivas como un hijo bendecido, respaldado con toda bendición espiritual! *¡Amén y Amén!*

Recuerda: Tu presente no determina el futuro pre establecido como hijo o hija del Reino. Si has llegado a pensar que no tienes dirección, que tus decisiones han sido nefastas, que cada persona con la que te has relacionado como pareja te ha traicionado, abandonado, maltratado o minimizado, quiero animarte a pensar en lo nuevo y fresco que te ofrece el Todopoderoso; es tiempo que salgas de esa dominio de pensamientos estériles, de ese terreno pantanoso de dolor, resentimientos, dudas y frustraciones para que puedas entonces, dar espacio a lo que Él quiere depositar en ti. Para Dios darte algo nuevo, tienes que permitir que Dios te vacíe para poder llenarte. Si aún no entiendes el porqué de muchas cosas o si piensas que ha sido injusto, si has puesto todo tu empeño y esfuerzo pero no ves fruto alguno, es tiempo de salir de ese pantano. No estás sola, muchas han estado ahí; pero tienes la opción de seguir luchando y sufrir en el proceso.

La opción número dos: Sal de ese predio y busca la dirección para llegar a la tierra que es tuya por herencia, en donde que fluye leche y miel, por lo tanto, como esa es tu herencia, *¡reclámala!*, somete tu voluntad a la de Dios y espera que se te otorgue lo que te pertenece. Basta de sufrir, eres una hija del reino y como tal debes de ser tratada con respeto, honra y dignidad, y como hija del reino, debes comenzar a entregar los esquemas que fueron establecidos en tu mente con referencias equivocadas, para dar espacio a los nuevos depósitos que han sido reservados para tu nueva vida llena de promesas, y con el mejor mentor que te enseñará con amor y paciencia, cómo disfrutar de cada milagro, de cada temporada por difícil que parezca. *¡Eso se llama cobertura especial!*

¡Si eres hija heredera! ¡Si eres enaltecida entonces piensa y actúa como tal! Recuerda que eres *bendecida con toda bendición espiritual, desde los lugares celestiales en Cristo.* Rinde tu voluntad a la voluntad divina, y Él de seguro, te guiará tierra fértil, sembrada de rectitud. (*Salmos 143:10*)

Declara con convicción: *Señor, enséñame a hacer tu voluntad, porque tú eres mi Dios, tu buen espíritu me guíe a tierra de rectitud.* Si lo hiciste creyendo con fe, espera tu milagro. Él te escuchó y quiere llenarte de su bendición.

Estás declarando que ya no quieres usar tus estrategias para conseguir lo que quieres, estás declarando que tus dioses quedan afuera, estos pueden ser el dios del orgullo, resentimiento, pasado, egoísmo, en fin, toda fortaleza que se haya establecido en ti, por medio de esquemas y referencias nefastas, que de forma involuntaria o voluntaria se establecieron en un momento dado, y echaron raíces de amargura y desesperanza. Ahora tienes acceso a la victoria en Cristo Jesús. Verás cómo se manifiesta su autoridad sobre tu vida porque Él es *¡El Gran Yo Soy!* Todopoderoso. Estás declarando que recibes por fe lo que te pertenece y que serás restituida.

Es por eso que será bendecida toda tierra que pises. Llegó el tiempo de planificar para los nuevos tiempos. Visualiza con fe, y en su nombre, llama lo imposible como posible. Vamos, créelo, si lo recibes en tu espíritu, di amén. *¡Así sea Señor!*

Ahora quiero dejarte un sencillo; pero práctico listado de preguntas que te ayudarán, al momento de compartir con personas que pre-calificaste con el fin de poder conocerlas mejor. Para determinar si es la persona con la que desarrollarás una temporada de amistad, con el fin de establecer o no una relación formal.

Cuestionario para conocernos

1- ¿Cómo describes a tu familia?

Basado en la respuesta, tendrás una idea de lo que atesora en su mente desde su niñez, qué tanto aprecia de su crianza, te darás cuenta de lo que no le gustaría dejar como legado a su futura generación. Descubrirás si existieron y prevalecen alianzas entre los miembros de su familia. Conocerás por descripción a los miembros de su familia, que de una forma u otra impactaron su vida. Puede ser que te hable sobre trastornos mentales o crisis emocionales, que algunos miembros de su familia padecen. Reconocerás su fidelidad y amor hacia su familia, o su dolor y resentimiento hacia el sistema familiar en el que creció. Es de suma importancia que te mantengas no solo escuchando, sino prestando atención a sus emociones, mientras habla de asuntos tan importantes. La sensibilidad y el respeto hacia cada aspecto y los niveles de esperanza y positivismo, serán la clave para determinar si la persona está lista para comenzar una relación de pareja sana libre de ataduras del pasado y con pensamientos de esperanza, respeto y aceptación hacia sí mismo y hacia otros.

Recuerda que al momento de compartir la vida con otra persona, los que te aman, se "cuelan" en tus sentimientos y se vienen contigo pero puede ser que también los que simplemente opinan y siembran referencias negativas, vengan a tu mente y que posiblemente te han transmitido sentimientos de culpa o condenación. De igual forma, esa persona será respaldada de una manera u otra por su sistema familiar. *¿Será real que las familias evalúan a las parejas? ¡Si!* Recuerda no entrar en dilemas de familia, ellos han estado ahí y seguirán ahí. Son familia y están acoplados a sus sistemas. *¡Tu rol en una etapa inicial, es el de conocer y darte a conocer tal cual eres!*

2- ¿Dónde te gustaría vivir?

Basado en su respuesta, podrás tener una idea de lo que más valora, y además de lo que le podría desagradar. Te dejará saber lo que necesita tener cerca como escuelas, supermercado, gimnasio, universidades, bancos, tiendas, farmacias, etc. pero, también puede que mencione lo que valora como su familia, mamá, papá, hermanos, amigos, iglesia etc.

Nada de lo mencionado es nocivo para las relaciones de familia, pero debes considerar el peso que le otorga a cada cosa. El orden de las prioridades de cada uno, es importante que sean destacados en las conversaciones. Debes analizar lo que cree necesitar esta persona y lo que realmente valora. Recuerda que somos criados con sistemas de referencias diferentes y con una formación que aporta a que seamos en ocasiones indiferentes a estas diferencias.

Creer que podemos cambiar a otros es parte de un sistema de creencias. Las diferencias no deben de ser tema de conversación para considerar o criticar a un sistema en particular, pero sí para reconocer si lo que se aporta, ha sido positivo como para corregir referencias negativas, sistemas punitivos, patrones de desaprobación irracionales, desesperanza, métodos de crianza que llevaron a la humillación o al miedo, en fin, reconocer lo que fue de valor y descartar lo que desató crisis o estancamiento en alguna etapa en la vida.

Si la persona refiere que toda su vida ha sido infeliz por las referencias nefastas de su entorno familiar, incluyendo los padres, es necesario que le recomiendes buscar ayuda profesional, antes de que se aferre a ti, pensando que le ayudarás a resolver sus conflictos. Es importante que recuerdes, que tu rol sería el de pareja, no el de terapeuta de la conducta humana. Los especialistas son entrenados para trabajar de manera efectiva con estos casos. El contar con un experto certificado en la materia, te garantiza que estás en manos de una persona en quien puedes confiar. Siempre recomiendo centros de ayuda con especialistas debidamente calificados, respaldados por entidades religiosas.

El norte, la visión y responsabilidad de estos gira en torno al dador de las oportunidades, *¡Jireh!* Esto no implica que te llevarán a la doctrina de su religión, eso es antiético, sin embargo el ambiente, armonía y deseo de restauración, irá dirigido por el espíritu de Jehová que mora en ellos y que se mueve en medio de ese lugar.

3- *¿Cuál es tu libro favorito?*

Basado en su respuesta, tendrás una idea de cuánto valora educarse, te darás cuenta si tiene interés en lo que estudias o en los planes futuros que tienes de continuar tu carrera. Posiblemente te dejará saber lo que opina sobre tu profesión u oficio.

4- ¡Háblame de tus series favoritas de TV!

Por lo que presta atención en series y películas, sabrás más que gustos cinematográficos, los valores que defiende y promueve. Presta atención a los recursos y temas que utiliza para enriquecer su intelecto. Puede ser que notes el bagaje cultural limitado. A lo mejor notas algún interés, o desinterés, por temas de religión. Al momento de conocer a alguien es importante que identifiques tus ideales, y los compartas sin temor alguno.

Con el propósito que te conozca, expresa la razón por la que crees algo en específico, pero jamás con propósitos de convencer para que te acepten, podrás darte cuenta si es cuidadoso (a), al momento de seleccionar lo que entra como referencia a su mente. Tendrás una idea de cómo administra su tiempo, es decir, cuánto tiempo dedica a la TV. vs. Estudios, trabajo, iglesia, compromisos etc.

5- ¿Qué es lo que más aprecia de una persona?

Por su respuesta, tendrás una idea de lo que está buscando como pareja. Puede que hable de valores como honestidad, fidelidad responsabilidad etc. Si fue una persona que sufrió abandonos emocionales o maltratos, posiblemente hará referencia a cuán importante es la fidelidad, responsabilidad, y un listado de valores que resaltará su necesidad de vivir de otra manera para encontrar la felicidad. Recuerda tu rol: Si esa persona necesita ayuda, aconséjale buscar ayuda de un profesional, lo cual puede hacer la diferencia en su nueva vida.

6- ¿Cómo te ves en un futuro?

Por su respuesta, tendrás una idea de sus aspiraciones, de un mejor empleo, adquirir un carro, casa, una relación formal, tener hijos.

Posiblemente, te dejará manifiesto parte de sus conceptos sobre lo que piensa.

7- ¿Sobre qué temas te gusta dialogar?

Es muy probable que te mencione un tema en particular; notarás cuánto se esmera a impresionarte, pero también puede ser que por el contrario, aunque tenga gran conocimiento, se muestre humilde, al momento de hablar sobre un concepto o tema que domina. El resultado dependerá de su ego y autoestima al momento del diálogo.

8- ¿Cuál es tu mayor aspiración?

Basado en su respuesta, tendrás una idea de cómo se inclina hacia un futuro con metas a corto y largo plazo en relación a la familia, negocios, educación, religión, política etc. También podrás notar una tendencia a prosperar, o por el contrario, se aferra al conformismo por miedos adquiridos, mediante referencias negativas del entorno en el que creció.

9- ¿Quién puede ser un mentor para ti?

Por su respuesta, podrás notar quienes tienen influencia sobre su persona. Qué valores e ideales son los que desea resaltar en su vida, y cómo los aprendió en su compartir con ese mentor. Pueden ser sus padres o uno de ellos, un cuidador, tío, abuelo, amigo, pastor, etc. Quizá que te sorprenda y te diga que su mentor por excelencia es Dios, cuál sea la respuesta, date la oportunidad de conocer a esa persona y podrás validar la historia de referencia sobre su mentor. Recuerda, validar nos ayuda a comprender y conocer mejor las necesidades y deseos de esa persona por medio de sus mentores. Si no confirmas esa mentoría de la cual te hablo, corres el riesgo de ser parte de su sueño o fantasía, creada con el fin de sentirse aceptado(a) por ti.

10- ¿Te gustaría tener familia?

Dependiendo de la respuesta, tendrás una idea de cómo conformaría una familia. Una de muchos o pocos miembros, o si por el contrario dejará claro a su pareja que no quiere tener hijos. Con su respuesta tendrás una idea de cómo fue su infancia, si disfrutó de ella o no. Si tiene convicción del sistema familiar y del matrimonio, dependiendo de su respuesta podrás tener un panorama claro sobre las decisiones que habrá que asumir, en cuanto a tener un matrimonio con hijos o sin ellos.

Este sencillo ejercicio de preguntas que llevan a reflexionar, puede ser muy efectivo si lo utilizas como modelo y lo personalizas añadiéndole todo lo que creas importante saber sobre esa persona, a la que estés conociendo. Es sólo un ejercicio de reflexión que puede revelar detalles, que afectarían tu vida si te unes a esa persona, sin tomar en consideración las referencias que ambos cargan, y que en un punto o en muchos difieren. Significa que es importante tomarse el tiempo necesario para conocerse. No solo se habla de cuál es el color favorito de cada uno y de cuál es el sabor de helado preferido. Es tiempo de ir por más y de buscar ayuda de ser necesario, antes de iniciar una relación formal. Recuerda, no temas en el proceso pensando que perderás esa oportunidad, si preguntas o indagas mucho. ¡No! Lo que Dios tiene guardado, separado, y cuidado para ti es lo mejor. Él Está esperando a que tú estés listo (a) para recibir esa bendición.

"Yo te elegí antes de que nacieras, te aparté para que hablaras en mi nombre a todas las naciones del mundo". (Jeremías 1:5)

Así como te separó antes de nacer para ser de bendición para otros, también hay personas separadas de igual forma para bendecirte. Puede ser tu pareja u otros. Es importante para reconocer esas conexiones divinas, vivir en expectación con el espíritu. Conociendo cada vez más de su carácter, amor y provisión para nosotros. Solo en comunión con nuestro Señor, podremos escuchar su voz y sentir la dirección del Espíritu. Se presentarán oportunidades muy buenas, pero las que validamos son las del cielo, las oportunidades divinas. Estas a diferencia de las que nos ofrece el mundo natural; nos conducirán a los propósitos eternos para bendecirnos y realizarnos como personas en el mundo natural con destrezas, y creatividad sobrenaturales. Esas bendiciones nos convierten en hombres y mujeres de éxito. Las conexiones del mundo natural son las que alcanzamos por nuestras fuerzas, las variables que logramos controlar y las manipulaciones que ponemos en marcha, al momento de la desesperación o desesperanza.

Un amigo, un vecino o cualquiera pueden ser de enlace para conocer a esa persona que nos gusta, o puede que nos ayude a encajar con esa persona, si, dije *¡encajar!* ya que en ocasiones deseamos tanto algo, que obviamos hasta aquello que nos desagrada con tal de conseguirlo y pensamos que más adelante lograremos cambiar a esa persona. *¡Ese es un gran error!* Recuerda tu rol. *¡Enfócate en ser lo que el Señor quiere que seas!: ¡Que vivas lo que se predestinó para ti!* Eres "*Linaje escogido, real sacerdocio, nación santa, pueblo adquirido para posesión de Dios... el cual te sacó de tinieblas a su luz admirable*" (1 Pedro 2:9) Has sido escogido y separado para El, te sacó de la oscuridad, confusión, del terreno fangoso, y ahora eres heredero de terreno fértil, y con la bendición sobre todo por nuestro *¡Padre!* Asegúrate de entender esto: *¡Recuerda tu rol y reconoce tu identidad en Cristo!*

Hay Tiempo para todo

Cada año nos proponemos nuevos desafíos o metas. Recuerda, que cada sueño o meta debe ser realista, jamás culpes a otros por no cumplir tus propuestas, o por los cambios de prioridades que tú mismo has hecho. He aprendido con los años que lo que más se estima son las períodos en las que valuaste lo más preciado, la familia, los momentos que a veces no salen en fotos; dichosos los que los pudieron capturar en ellas como los detalles, abrazos, momentos que te impulsaron a otros niveles de la vida, los instantes de recuperación rodeados de gente linda, aunque sean pocos como tu círculo íntimo, seres queridos; también las amistades que pasan una y otra temporada y aún siguen ahí, aunque de lejos, pero igualmente forman parte de tus tiempos; ámalos, hónralos, ora por ellos y déjales saber lo que sientes por ellos. ¡Eso vale mucho! Ese es el propósito de Dios, amarnos y mantenernos juntos hacia la meta en Cristo. Habrá momentos de despedidas, sin embargo, todo está alineado para restituir, restaurar y seguir hacia adelante de la mano de Dios.

Hemos escuchado que hay tiempo para todo y es cierto. Lo que no analizamos es cómo estamos utilizando el tiempo que se nos otorga día a día. Cada momento es una gran oportunidad de deleitarnos en su amor, de recibir su buena voluntad, someter a Él nuestros deseos y sueños; creerle cuando lo visible parece imposible, es la clave. Es tiempo de declarar sus promesas sobre nuestras vidas, la de nuestra pareja, hijos, amigos, futura relación, finanzas, salud, en fin, todo nuestro existir. Son momentos de entregarle nuestros días a Él, nuestros cuerpos, mente, nuestro ser por completo. Cada área será bendecida, enriquecida y multiplicada por Él, pues en Él, todo es así; sus promesas que siguen vigentes: *"Amado, yo deseo que seas prosperado en todas las cosas, así como prospera tu alma"(3 Juan 1:2.)*

Alineados siempre a Él crearás una atmósfera de victoria no de derrota, de bendición no de pérdidas, de prosperidad no de pobrezas, de salud no de enfermedad, pero siempre en el tiempo (***cronos***) que él nos otorgó para vivir esta vida, ¿la razón?: Porque eres el hijo amado del Rey de Reyes que siempre está presto para bendecir.

Te buscarán para que sanes y riegues la tierra de otros para que deje de ser estéril. La paz del Señor en nosotros nos otorga la capacidad de bendecir a otros, pero todo se reduce a: Él en ti, ayer, hoy y siempre. Job dijo en una oportunidad: *De oídas te había oído, mas ahora mis ojos te ven (Job. 42:5)*. Tú, amigo lector, seguramente has *"oído hablar"* mucho de Jesús, ahora tienes la oportunidad de *"verle actuar en tu vida"*, déjale saber, confiésale que tus años, meses, días, horas, minutos, segundos, todo tu ser, lo entregas en sus manos para que su gracia resplandezca sobre tu vida.

Capítulo 3

A- Asumir
"RESPONSABILIDADES"

Desde muy temprana edad, reconocemos que por nuestros actos puede que seamos aprobados o rechazados. Sabemos las personas que de una forma u otra, nos ayudan a realizar nuestras tareas, nos recompensan, animan y motivan a conseguir nuestra meta o sueño. Estas personas ven en nosotros un ser integral que se está desarrollando, que tiene fortalezas y debilidades que te hacen único. De igual manera, identificamos a las personas que no están dispuestas a reconocer nuestros esfuerzos, que carecen de paciencia, y que por razones que desconocemos, rechazan nuestra persona, nuestro ser. Es decir, se incomodan con nuestro *¡yo!*

Tal puede ser el caso de los niños maltratados, abandonados y rechazados por los cuidadores o familia. Un menor debe ser cuidado, protegido, respaldado y amado por sus cuidadores. Estos deben buscar todas las maneras a su alcance para ensanchar la vida integral de ese menor. Si ese cuidador fue abusado o abandonado en su niñez o infancia, le será muy difícil romper con esos patrones o referencias de dolor. Además que le será poco usual asumir responsabilidades por sus actos y por los de otros. Su mayor deseo es ser feliz y descansar de tanto dolor o abandono. Para ello, el menor, crea defensas y murallas de protección que hay que romper.

Como defensa propia, puede que se torne hostil. Es posible que se torne irónico antes de recibir algún rechazo, ese será siempre su mecanismo de defensa (creencia o marco de referencias pasadas). Por lo general, puede se torne solitario o retraído para mantener distancia hacia todo lo que interprete como amenaza a su persona. Puede que se proyecte como un ser independiente y perfeccionista, creando un yo ideal que atraiga a un grupo en particular, los cuales le aprobarán por sus éxitos, ya sea por finanzas, estudios o relaciones de influencia. Cuando llega a la adolescencia, el menor busca en sus modelos un marco de referencia para tomar decisiones y de igual forma analiza las posibles causas de pérdidas y fracasos de sus cuidadores. Hace juicios y evalúa el porqué de cada situación. Comienza a buscar su historia de vida y a comparar lo que se le ha contado con lo que percibe; en ese momento o mejor dicho etapa, es cuando los padres resienten tal interés de los hijos; a eso se llama *etapa desafiante* porque ya no pueden manipular, o engañar al menor como antes. Es el momento en que quedan al descubierto las debilidades y abandonos emocionales, que sufrieron de parte de sus cuidadores.

Es cuando los errores del pasado son evaluados y los desacuerdos entre padres e hijos se hacen cada vez más seguidos. Cuando pasa el tiempo, se van formando esas raíces de amargura que darán como fruto reacciones y actitudes difíciles de entender. Se formará un niño lleno de preocupaciones, inseguridad y miedos, crecerá y será ese joven que sueña, pero no cree en sí mismo, cree, pero fácilmente se desanima y abandona sus planes por los planes de otros. Se mueve por lo que le hace sentir bien y no por lo que es mejor en ese momento; este modo de operar lleva al individuo a ser inestable y poco comprometido con sus metas. Fácilmente aborta sus planes, sin importar cuanto haya invertido, es entonces, cuando de forma inconsciente, culpa a los más cercanos de su frustración, inconsistencia y hasta de sus carencias. Pasar factura a otros alivia la conciencia y trae descanso limitado a la ansiedad.

¡Si! Descanso Limitado. Pronto volverá el pensamiento perturbador, uno de los que más agobia, suele descalificarse a sí mismo. Pensamientos de *"yo no podré", "yo no sé cómo", "jamás podré",* hacen eco al consciente y desmoralizan a tal punto, que se

dan por vencidos y entonces, vuelven al ciclo conocido, al marco de referencia de dolor, de *"esto soy yo, yo soy así"*.

Es notorio que en ese marco de referencia, no se enseñó ni motivó al menor a ser independiente, ni ser responsable de sus decisiones y actos. De seguro se hizo énfasis constante en cada error o simplemente, fue desprovisto de refuerzos y conexión emocional, o cual lleva a crear raíces de rechazo y desaprobación hacia sí mismo. La pregunta sería, Mayda, *¿cómo puedo ser ahora un hombre o una mujer que asuma con responsabilidad cada proceso, cambio o decisión que debo tomar?* Lo primero que te puedo recomendar es que seas sincero contigo mismo, y entiendas, que lo que aprendiste tomó tiempo en ser asimilado, pero que igual forma, toma tiempo en revertir patrones establecidos. *¡Pero, te tengo buenas noticias!* Detrás de cada ciclo, hay una enseñanza que te afirmará en lo que tú decidas.

Eso sí, tienes que decidir cómo responderás a los nuevos desafíos que trae la vida. Te presento varias alternativas de las cuales tendrás que escoger, la que te elevará a nuevos niveles de vida y te preparará para ser de bendición para otros, a la vez que te motivará a seguir adelante y te preparará para ser ensanchado y tener una familia establecida sobre bases sólidas.

Ofertas:

Decido mi respuesta y manejo de este desafío:

1- *Me hará más fuerte, más sensible, optimista, manso, humilde, hasta me motivará a tener una mejor proyección de vida.*

2- *O puede que decidas, vivir amargado, insensible y retraído por el resto de tus días, adoptando una proyección de víctima, de derrota y perdedor.*

3- *O talvez decidas vivir con la dirección del viento, e ir de lado a lado con lo que traiga el momento y otros decidan por ti.*

Asumiendo que decides por la primera alternativa, te garantizo que poco a poco podrás percibir la vida desde otra perspectiva y verás a los demás, como lo que realmente son, *¡seres humanos!* Solamente tú podrás modificar reacciones y luchar con el dolor. Sentirás cansancio, pues notarás que al poco tiempo de incorporar pensamientos que aparentemente te liberan y traen paz, nuevamente el dolor reaparece y añade frustración.

El verdadero cambio y la restitución solo provienen de ese encuentro con el Proveedor de las nuevas oportunidades *(Jireh)*. Cuando comprendes que fuiste llamado para un propósito, que tienes acceso al dador de la buena semilla que se place en bendecirte, y que tiene promesas para ti, todo cambia. Desde que comienzas a reconocerle en todos tus caminos, *¡verás cómo las circunstancias obran siempre a tu favor!* Podrás percibir milagros en tu vida. Ya no caminarás a ciegas. Tendrás dirección.

Revisa esta porción de la Biblia y decide cuál será tu postura ante los desafíos o eventos con los que has luchado, o estás luchando. Recuerda, que la palabra permanece para siempre y al recibirla será de bálsamo, restitución y bendición para tu vida.

(Salmos 40:2) "Y me hizo sacar del pozo de la desesperación, del lodo cenagoso; Puso mis pies sobre peña, y enderezó mis pasos."

Nada mi querido (a) será igual. Ahora tendrás paz, saldrás de esos lugares y relaciones que te tenían en pausa. Caminarás con seguridad, *¡y te proyectarás como una persona que está lista para dar!*

Para dar, necesitas estar lleno, y para ser lleno, necesitas ser vaciado de todo lo que te impusieron y causó dolor y frustración. Ya no podrás ser engañado ni molestado como cuando eras niño. Tus emociones serán alineadas a Él, de tal manera que no serás movido a perturbación. El que se crea listo contigo, reconocerá tu liderazgo y *¡sentirá el vallado que se estableció como pacto sobre ti!*

(Efesios 4:14) (NVI) "Así ya no seremos niños, zarandeados por las olas y llevados de aquí para allá por todo viento de enseñanza y por la astucia y los artificios de quienes emplean artimañas engañosas."

¡No exijas lo que no das!

Muchas veces llegamos a las relaciones de pareja tan cargados de creencias, que causaron atrasos y dolor, que sin darnos cuenta, pasamos factura a estas personas que no tuvieron culpa, de lo que nos ocurrió. Las actitudes y respuestas en momentos difíciles, ponen al descubierto las debilidades de carácter y la frustración que se carga. Esto revela el verdadero yo, herido y lastimado. Cuando te sientes bien; pero en tu conversación interna sientes que falta algo y no sabes lo que es, comienza el recorrido por el sendero de la incertidumbre y una ola de dudas sobre tus decisiones. Se comienza a desarrollar un plan para entender los procesos de vida, y se levantan defensas para protegernos de todos los que nos rodean. Ese marco de referencia puede crear distanciamiento emocional con el cónyuge o pareja.

De esta forma es muy difícil ser transparentes y genuinos. No sería difícil entender que surjan reclamaciones e incomodidad dentro de la relación. Esto es lo que el reino de las tinieblas desea para cada relación que se establece, con deseos de ser feliz y vivir bajo modelos del reino de Dios; el enemigo desea que se instale de generación en generación, los mismos marcos de referencia donde reine la confusión, el dolor, la ausencia de perdón, el espíritu de egoísmo, de orgullo, de traición, en fin, todo ese esquema de referencias al que se fue sometido. Ese sistema nunca fue detenido, por ende, muchos planes de bendición fueron abortados. Los reclamos no se detendrán por tu buena voluntad.

No podrás exigir lo que no das. Nuestros buenos deseos no son tan fuertes como creemos. Solo existe un proceso de sanidad que funciona y que no fallará, aún cuando otros piensen lo contrario. Eso sí, tú tienes que creer en él. Durante este proceso, será expuesto todo lo que debe ser removido, lo que debe ser restaurado, lo que debe ser destronado de tu vida y si aceptas el desafío, saldrás victorioso con el poder y autoridad que se te arrebató en un momento dado.

Este proceso puede comenzar, sólo con la decisión de ceder tus derechos al Todopoderoso y dejar que Él, entre y tome control absoluto de tu vida. Una vida que pasará de pérdidas, derrota, miedos, ansiedad, ausencia de gozo, salud quebrantada, desesperanza, y deseos de dejarlo todo, a una llena de prosperidad en todas las áreas de tu vida. Sentirás una pasión por la vida y un deseo de vivir en armonía, que sólo el que lo experimenta, podrá disfrutar. Jamás verás igual a los que te aman y siguen contigo. Y los que ya no están, si son parte del plan divino, te serán devueltos; pero con un corazón distinto, lleno de amor, regenerado para bendecirte. Si no vuelven, o se quedaron junto al camino, déjalos allí. Ahora ya no decides por lo que crees es mejor, ahora vives bajo la voluntad divina. Recuerda que la bendición del cielo es, la que trae alegría y no añade tristeza. Vale por mucho vivir bajo los patrones del reino de los cielos. Levántate y resplandece, ha llegado el tiempo de ver como el rostro del Padre de las luces ilumina tu rostro y tu camino. *¡La gloria del Señor quiere amanecer sobre ti!* Decide hoy ceder tus derechos. *(Isaías 60:1)*

Una vez cedes tus derechos, entras en cambios radicales. Cambio de mente, cambio de posición, mayor creatividad y una proyección que todos reconocerán como sobrenatural. Es decir, de ahora en adelante nada será igual. Nada ni nadie te detendrá.

Recuerda, que vendrán personas y circunstancias dirigidas por el reino de las tinieblas, para opacar tu visión profética, tu sueño, sustraerte paz; los vientos azotarán, pero de todo te librará el Señor. Tu llamado es vivir en completa libertad y servir a otros, siendo un canal de bendición, que solo tú puedes cumplir. *¡Mantente firme creyéndole a Él, y fluirás en la bendición a pesar de la lluvia!* No retrocedas a tu llamado.

Si recibes esta revelación, repite con fe: *¡Soy libre en Cristo, la Roca de mi salvación! Mi vida es afirmada en la Roca. Y su bendición es la que añade alegría a mi vida. ¡Soy libre en Cristo!*

(Gálatas 5:1) Cristo nos liberto, para que vivamos en libertad. Por lo tanto, manténganse firmes y no se sometan nuevamente al yugo de esclavitud.

Asumiendo Responsabilidades

Muévete cada año sin temor, confía en Dios, y retoma las responsabilidades que pusiste a un lado en tu proceso. Si surgen nuevas oportunidades, revísalas y átalas a la voluntad divina, y espera pacientemente. Puede que te sorprendas, de cuán rápido se multiplica tu sabiduría y entendimiento, para saber si debes o no acceder al próximo desafío. Si en la pasada temporada desafiaste las normas y estándares del reino, decidiste y luego pediste la bendición, deberás cumplir con las responsabilidades. Si son deudas, debes buscar ahora dirección divina y asesoría en el mundo natural, para poder cumplir y salir de ellas a la brevedad posible. Si ahora luego de una relación, tuviste el privilegio de ser padre o madre, tu responsabilidad es amarlos, cubrirlos bajo un manto de bendición, darles el acceso a la mejor educación posible (de ser posible la que los invita cada día a conocer más a Dios, el Padre de las naciones) y además, cumplir con los deberes y obligaciones establecidas por las leyes de este mundo (pensiones y deberes al día). *Romanos 13:7* dice: *"porque no hay autoridad sino de Dios, y las que existen, por Dios son constituidas"* lo que no es justo, él lo toma por ti y despliega su justicia. Suelta tus cargas y deja que sea Él actuando en ti, pero se fiel en lo poco y Dios manifestará en ti lo mucho, se fiel en lo aparente y se te dará lo verdadero, se fiel en lo injusto y se te dará lo justo. *¡Bendito Dios!* El tiene cuidado de ti, y no desea dejarte en vergüenza. El es Dios de pactos, y guarda sus promesas, también cumple su palabra sobre tu vida.

Cada acto lleva consigo consecuencias. La gran diferencia es que ahora no cargas con la condenación de tus acciones, como los que no le conocen y viven bajo sus propios estatutos de vida, sus juicios y prejuicios, bajo venganza, odio y culpa. Ser responsable en cualquier área es una norma aceptable y bien vista por todos. Lo difícil es alcanzar esquemas elevados sin previos patrones de disciplina y modelaje. Si fuiste miembro de una familia que te impulsó, respaldó, levantó, y apoyó en momentos de transición o de angustia, es probable que sea más fácil adoptar patrones de excelencia en áreas no desarrolladas o estimuladas antes. Sin embargo, cuán difícil será para alguien que contrariamente, careció de apoyo y modelos o patrones de referencias positivas. La buena nueva en este aspecto, es que Dios está listo para depositar patrones maravillosos, disposición, y sobre todo, pondrá en ti tanto el querer como el hacer por su buena voluntad. Si antes postergabas planes, dejabas a mitad lo emprendido, si creabas excusas, para no hacer lo encomendado por Dios, ya no será así, ahora su palabra te llevará a la perfección. Su presencia te llevará a la vida de excelencia, que jamás imaginaste para ti. Si eres de los que fuiste privilegiado, amado y consentido por la familia y otros, créeme, también notarás como la vida de Dios en ti, transformará lo bueno en excelencia y lo extraordinario en lo inexplicable. Siempre estarás en expectación por lo próximo y seguirás creciendo en su amor, su fidelidad, y su poder será manifestado en tu vida. Tu nueva responsabilidad será dejarle saber a otros, que no se trata de ti sino de Él obrando en ti. Tendrás nuevas responsabilidades, todas en torno a Él. El cumplimiento de su palabra sobre ti, cada vez será más fuerte y su palabra contundente.

Luego de cada ciclo en tu vida, verás cómo tus cargas son menos y tus pensamientos son ordenados, de manera que solo buscan su consejo. El consejo de otros ya no será la primera opción, puede que ya ni los busques. Mi oración hoy al respecto es, *"por la obediencia de uno los muchos serán constituidos justos"* (Romanos 5:19) Ahora eso es lo que verán en ti: La justicia de Dios. Repite y cree: *"yo soy La justicia de Dios en Cristo Jesús, nada me condena, nadie tiene derecho a pasar juicio sobre mi vida. Él es mi vida. Las cosas viejas pasaron y ahora, todas son hechas nuevas."* (Romanos 5:17)

Posiblemente faltaste a tus votos matrimoniales, al no respetar la relación con tus momentos de arrebato, o no supliste lo necesario para el hogar, tal vez demostraste apoyo y fidelidad ante los demás, ante la familia, amigos o ministerio, pero se te retiró la confianza y terminó la paciencia. Ahora te toca fluir en Él y ser un portador de su gracia. *Nada te podrá hacer frente en todos tus días. Ningún arma forjada podrá contra ti. (Isaías 54:17)*. Ni padres, ni ex, envidiosos, forjadores del mal, nada ni nadie. Créele a Él, que es el Camino, la Verdad y la Vida y ahora está en ti, para hacer cosas diferentes, y crear nuevos sueños y nuevos encuentros, los divinos, los que permanecen por siempre. Amén

Si lo crees, y lo tomas para ti, pídele ahí donde estás, que redarguya tu ser, que puedas sentir su abrazo de paz y amor, y espera pacientemente. Hay áreas y procesos que de repente, se te mostrarán de formas creativas como Él opera, para dejarte saber que todo está fluyendo en Él, y que su soberanía es inamovible, su palabra contundente y su fidelidad por siempre. Qué mejor para tu nueva época. ¡Equipados para triunfar!

"Recuerda que no somos de los que retroceden."

Capítulo 4

P- Procesos
"DE VIDA"

Desde que nacemos, comenzamos a pasar por procesos. Algunos desde antes de nacer, ya sus padres habían hecho planes con ellos. Algunos decidieron que darían el máximo, para sacar adelante al nuevo miembro que estaría por llegar. Otros buscaron la manera de que no llegara al mundo. Algunos decidieron darlos en adopción como un regalo de vida para otros.

La vida gira en ciclos, tiempos y temporadas. En cada uno de ellos notarás que surgen nuevas pasiones, desafíos, metas, y sueños. También llegarán procesos dolorosos, pérdidas, engaños, destituciones, robo, humillaciones, tiempos que parecieran no terminar, pero no cosecha. Así son los períodos de esta vida. Cada cual responderá en base a su sistema de creencias ya establecido, y vivirá bajo los estándares de esas premisas.

Cada individuo intentará buscar su porvenir, pero en base a lo que cree, por tanto, debes comprender que la persona con la que comienzas a compartir, o ya quizá tienes una relación de pareja, dicho compromiso lleva consigo algunos de años con los que has estado lidiando, de lo que asumes haber aprendido lecciones de vida que te han hecho fuerte, o a lo mejor, débil. *¿Te das cuenta?* Todo dependerá de la clase espejo con el que veas las cosas, uno con aumento, otro normal, o simplemente el que te muestra sólo tu rostro.

La pregunta que muchos se hacen es: *¿debo saber detalles de la vida de esa persona, cuánto y cómo lo hago sin ofender?* Antes de comenzar cualquier relación, siempre es bueno saber cómo se siente esa persona consigo misma y con la vida que ha vivido. Además, es de suma importancia saber cómo se ve en un futuro. Con cuánta esperanza y expectación no solo se proyecta, sino como vive dicha persona. Los detalles no hacen falta, pero si salen de la persona de forma repetitiva y con fogosidad o mucha angustia, sería bueno que sepas, que necesita pasar por un proceso de sanidad de heridas. Ese proceso terapéutico, debe ser bajo un plan con metas y recomendaciones y a su vez, dirigido por un especialista de la conducta humana, ya sea un psicólogo, consejero profesional o psiquiatra, nunca trates de resolver las cosas por ti mismo, aún cuando seas un profesional de la conducta. Eso no sería justo para ti, pues buscamos ser pareja, no terapeuta de esa persona, además que no es ético, ni sería justo para esa persona, por eso, necesitas las competencias de un terapeuta y no los criterios de alguien apasionado por ayudar y que en algún momento, tendrá sentimientos encontrados, sobre lo que siente y lo que percibe, y las dudas ante los paradigmas de vida de esa persona.

Son muchos los que de buena fe, comienzan las relaciones, tratando de ayudar en esa aérea que desconocen y que entrando en ese rol, solamente saldrán agotados y frustrados, pues un día ven como se desahoga la persona y reconoce en donde se encuentra emocionalmente, pero al día siguiente está bajo los mismos patrones o esquemas de pensamientos, que han sido establecidos por ellos mismos desde tiempos tan remotos como la niñez, adolescencia o desde la separación o perdidas que haya tenido en el pasado o presente, previo al inicio de la relación.

Todo esto es muy importante tomarlo en consideración, ya que más allá del encanto que ves de frente, hay una vida que clama por ayuda, o que solo busca refugio, o simplemente es cosa de un poco de tiempo, para comenzar a ver como surgen respuestas y patrones, que no necesariamente, son los que buscas o necesitas y que pueden traer situaciones a corto, o largo plazo.

Cada problema no resuelto será una oportunidad de entrar por puertas de dudas, incertidumbre, malos entendidos, ofensas y momentos de impotencia ya que no sabrás que hacer, para ayudar a esa persona que ya no solo es un candidato(a), al quien ya te sientes atado o comprometido, y si fuiste más lejos, y te casaste por convicción, creyendo que todo sería borrado por el amor que tú puedes dar, lamento decirte que nuestro amor es limitado, y carece de ese potencial de sanidad. Eso solo lo puede realizar, el amor eterno de Cristo Jesús.

Llenar vacios de fortalezas mentales que incapacitan al individuo es de suma importancia. Recuerda, que lo próximo después de la boda, es un comienzo de épocas que traerán retos y desafíos. Si llegas a ese tiempo lleno de lo anterior, vivirás bajo los mismos preceptos, y con nuevas presiones que vivifican episodios del pasado no atendidos, y que magnifican el desaliento. Recuerda que hay unos planes pautados desde la eternidad para cada uno de nosotros y que aferrarnos a lo que no es parte del plan divino, promueve alejarnos de ellos y vivir fuera del gozo y plenitud destinados para nosotros, como escogidos de Dios.

Los procesos en la vida de casados

Las parejas pasan por diferentes procesos, de los cuales dependiendo de cómo los manejen, saldrán fortalecidos, más unidos y comprometidos con la relación. Otros se sentirán tentados a abandonarlo todo y pasar por procesos de separación o divorcios, antes de buscar ayuda profesional. Los procesos son situaciones que en un momento dado, llegan a la vida del individuo y le toman por sorpresa creando incertidumbre, desesperanza, temor al futuro, sentimientos de dolor, traición, pero lo que más afecta, es el desconocer cómo resolver la situación o concluir con algo que pareciera no tener fin. A tales efectos, podría mencionar algunos procesos y desacuerdos que afectan o impactan las relaciones:

Finanzas afectadas por pérdida de empleo o reducción de horas laborales.

- *Pérdida de negocio.*
- *Emprender negocio.*
- *Finanzas separadas.*
- *Estudios o continuación de los mismos.*
- *Ministerios o parte activa en la iglesia.*
- *Círculo de amistades y formas de recreación.*
- *Participación activa en comunidad.*
- *Compra de casa o mudanza.*

Problemas familiares: Suegros, primos, abuelos, tíos etc. que llegan al hogar a vivir, o que de alguna manera u otra, controlan o tratan de manipular al cónyuge.

Problemas de los hijos, escolares o diagnósticos inesperados de trastorno o problemas emocionales.

- *Problemas de identidad en la adolescencia.*
- *Cambios de escuela.*
- *Clases extracurriculares.*
- *Ideación suicida, y depresiones en la adolescencia.*
- *Problemas de relaciones paterno-filiales.*
- *Problemas de relaciones en familias compuestas (los tuyos y los míos)*
- *Enfermedad del cónyuge y tratamientos inesperados.*
- *Enfermedad o muerte de hijo(a).*
- *La llegada de un hijo no deseado, o inesperado.*

- *Discapacidad o trauma por accidente de uno de los miembros de la familia.*
- *Infidelidad o sospechas de tercera persona en la relación.*
- *Separación o divorcio.*

En fin, todos los procesos llevan al individuo a tomar decisiones, que serán tomadas en base a los sistemas de creencias establecidos, de la forma en que aprendiste de tus cuidadores a resolver situaciones y problemas, marcarán los pasos para moverte de forma positiva, o te acomodarás y permitirás que otros que tomen iniciativas por ti, o simplemente te quedarás inerte, esperando en incertidumbre por lo que pase.

Muchas veces, sumergidos en la incertidumbre, y vulnerables ante el dolor, se permite que otros entren en el núcleo familiar y se convierten en puntos de referencia o de influencia. Ahora bien, las preguntas serían:

¿Cuán capacitados o imparciales son esas personas?
¿Qué tipo de procesos o traumas usan esas personas, para darte referencias y estrategias en tu situación?
¿Qué te hace confiar en ellos?
¿Qué tipo de modelo de familia representa?
¿Goza de salud mental?
¿Existe algún tipo de alianza entre uno de los cónyuges y esa persona, o personas, que dejamos entrar al círculo familiar o de pareja?
¿Cómo ha sido su experiencia y influencia como padre o madre, o como pareja?

¿Cuál ha sido su experiencia en cuanto a finanzas, ¿es una persona próspera, con un sistema que demuestra su eficacia?
¿Cómo se desenvuelve en situaciones estresantes?
¿Muestra compasión y respeto por las personas que piensan diferente a ellos?
¿Son personas conflictivas, siempre en la búsqueda del causante de los problemas, o proyectan sus culpas?

El punto al que quiero llegar y destacar, es la importancia de saber tomar la iniciativa y buscar ayuda, cuantas veces sea necesario. En ocasiones, las parejas se privan de esta ayuda pues no quieren llevarlo al plano profesional, visitando a un terapeuta. Muchas veces no lo hacen por miedos, temores, orgullo, o por no pagar porque ven como algo innecesario el tener que exponer su situación y problemas, a un desconocido, sin embargo, le cuentan a un familiar u amigo, y estos con las mejores intenciones, dan consejos viciados, llenos de prejuicios y alimentados de resentimientos, dirigidos a beneficiar solo al cónyuge que conoce, o al que de una forma u otra se siente identificado. Nada de lo anterior traerá resultados positivos, ni a corto y mucho menos, a largo plazo.

Los especialistas de la conducta humana, psiquiatras, psicólogos, consejeros profesionales, pastores con alguna especialidad en consejería o psicología, son los que por su preparación y experiencia, están preparados para dar la ayuda necesaria. Fueron entrenados para dar consejería, terapia familiar y trazar un plan de tratamiento, siempre buscando el bienestar del individuo, pareja o familia. Es recomendable acudir a centros de ayuda y fundaciones con enfoque cristiano, especialistas que crean en la familia como una institución sagrada creada por el Todopoderoso, para ser de bendición, motivados y dirigidos por el espíritu de sabiduría, por el camino, la verdad y la vida en Cristo. Pueden ir a un lugar en donde se promueva el perdón, restauración, fidelidad, compromiso y sanidad del alma, creyendo que todo será filtrado, bajo la lupa del que todo lo sabe, ve y acomoda según su tiempo que siempre es perfecto.

Si en algún lugar a donde busques ayuda, te enseñan que tú tienes en tu interior la fuerza, para hacer lo que quieras, y que solo tú eres importante, es mejor salir de ahí. A eso se le conoce como parte de un sistema de creencias humanista. El ser humano tiene el deseo de ser feliz pues es algo inherente a nuestro ser. Rechazamos el dolor y sabemos cuándo algo no está bien en nosotros. Aún así, en ocasiones nos aferramos al dolor y adoptamos sus manifestaciones, es decir actitudes, verbalizaciones, patrones de conducta que denotan inestabilidad, con el propósito de dejarle saber al mundo que hemos sufrido, y nada podrá saciar el deseo de vengar ese dolor. *(Ellis, 1998)*

Desafortunadamente, ese paradigma está muy lejos de ser parte de un proceso de sanidad, restauración, ni restitución de lo que se ha perdido, al contrario, la gente alrededor se va alejando y cansando del pesimismo, desidia, falta de control de emociones y retirando el respaldo o confianza que hasta ese momento se le había otorgado. Es en ese momento en que las crisis se exacerban y se torna muy difícil creer que se podrá salir de ese hueco en que se encuentra. Quiero que sepas, que en ese hueco hemos estado todos en un momento dado de nuestras vidas. Debo recordarte, que toda circunstancia adversa tiene un tiempo difícil, lleno de dolor, vergüenza, frustración, impotencia, negación y mucha incertidumbre, pero ese tiempo va a pasar. El tiempo que pases en el ojo del huracán, dependerá de cómo interpretes ese lapso, y de cómo decides reaccionar, ante los nuevos desafíos que estás por enfrentar.

Cada persona reacciona y acciona diferente, basado en su sistema de creencias y apoyo con el que ha contado, o cuenta. Además, debemos entender, que el impacto de dolor puede prolongarse dependiendo de la pérdida o abandonos, traición o lucha por vivir, que esté pasando la persona. Nadie tiene derecho a decidir por ti, que paso dar, o qué debe, hacer. Recuerda, que en las crisis no se toman decisiones importantes; como por ejemplo, dejar casa, abandonar empleo, comprar, vender, cambios dramáticos de disciplina en sistema familiar etc. Reitero, que en este aspecto, se debe buscar ayuda profesional, eso te hará sentir más enfocado, apoyado, con herramientas y recursos para el manejo de pérdidas y el dolor emocional. Puede ser que con el fin de estabilizarte, seas referido a un psiquiatra para evaluar y posiblemente medicar, algo que solo ellos pueden hacer, y de ser necesario recibir a un tratamiento para que seas realmente proactivo y comprometido con él mismo.

No te menosprecies

Son muchas las personas que se sienten culpables e inapropiadas al momento de buscar ayuda. A su dolor y desesperanza le suman la interpretación de fe que han heredado, o adoptado como parte de un paradigma religioso o doctrinal, que los lleva a pensar que hay algo mal en ellos y que Dios desea *"Procesarlos"*, para que sean mejores personas. Ante este panorama, la respuesta es que solo el tiempo les sanará y que eso es lo que les ha tocado vivir, es decir, lo que procede es según algunos, vivir lo que es la *"voluntad del cielo"*. Hermanos amados, lo primero que debes recordar, es que el amor del padre hacia sus hijos es incomprensible, perfecto y puro, El envió a su único Hijo, para la gran misión de redención, para ello tuvo que bajar a la tierra y morir en una cruz por el pecado del mundo, con su acto vicario limpió y justificó con su sangre a la raza humana.

Somos la justicia de Dios en Cristo que se traduce como: *nada ni nadie nos separará de ese amor*. Se marchó a su morada celestial pero nos dejó al *Consolador,* para que nos guie y reconforte en el camino, hacia el cumplimiento de su promesa de forma individual, y cumplir así los propósitos pautados, desde el principio sobre tu vida. Entonces, la condenación no es parte del plan para tu vida.

Nadie tiene derecho a condenarte, pues *no hay justo, ni uno*. En ocasiones somos nosotros mismos los que nos condenamos y privamos, de la libertad a la que fuimos llamados. Las circunstancias y eventos suelen controlar nuestro pasado, presente y hasta futuro. Es justo lo que el promotor de la esclavitud y muerte, desea que creas y abortes todo plan de bendición sobre tu vida. El usurpador desea inestabilidad, tristeza, separación, frustración, muerte, y distorsión de la verdad y el camino que es Cristo, quien se dispone día a día a derramar su favor y su gracia sobre tu vida, para que vivas disfrutando de las bendiciones por derecho, como hijo del Padre de las naciones y el universo, el cual desea que seas incorporado en el lugar de origen, predestinado para dominar tu territorio como luz a las naciones.

Él tiene provisión ilimitada para cada necesidad que tengas o se presente. Él es la paz, y te cedió en tu nuevo ADN, su amor, valentía y dominio propio. Es decir, la semilla de grandeza del *Todopoderoso* fue depositada en ti, pero necesita ser activada por fe, para que vivas como lo que realmente eres, un bendecido, de otra forma, solo vivirás bajo los patrones del mundo natural en donde todo es incierto y en donde solo algunos son merecedores de la "buena suerte". Tú y yo no somos hijos de la buena suerte o mala suerte. *¡Somos hijos del Dios Altísimo!*

Lo siguiente que deseo sembrar en tus pensamientos, es la maravillosa promesa que el Padre derrama sobre sus hijos, esto es su bendición que incluye su favor, y cobertura sobre tu vida en todos los aspectos. (*Job 42:12*) Esta escritura relata que Job era bendecido por Dios, sin nada negativo que señalar en su vida, sin embargo lo perdió todo, pasó tiempos muy difíciles, yo diría duro en extremo, pero, el Señor lo bendijo más, luego de aquella terrible prueba. Fue notorio como este justo se mantuvo firme creyéndole al Dios viviente, en medio de su dolor y pérdidas. Estoy segura que como ser humano, se dolió como cualquiera de nosotros, pero su relación con el Padre, le hizo ver más allá de lo que su propia esposa no podía ver. El sabía que su Creador era Fiel y Justo y conocía de sus misericordias y bondades hacia los suyos.

Recuerda, que la voluntad del Padre siempre es buena, agradable y perfecta, y traerá en medio de tu dolor, cosas, personas o circunstancias agradables, para aliviar tu dolor, que es su dolor también. Traerá noticias buenas, que te empujarán a seguir hacia adelante. Abrirá puertas y sellará otras. Siempre para cubrirte con su favor. Además, tendrá reservado el espacio y el tiempo necesario para cada proyecto de vida en un periodo en el que tú no tenías ni idea, pero que en el kairos de Él, todo es perfecto.

En ese espacio se derramará una lluvia de bendiciones, que solo percibirás si estás convencido de que únicamente el Autor de la vida, es el que sabe que es lo mejor para cada tiempo. Los tiempos puede que sean marcados por circunstancias dolorosas, pero serán resguardados por su gracia y favor. Solo necesitas dejar que sea ¡*Él en todo!* Aun cuando no veas la salida o entiendas el proceso o camino. Se diligente, enfócate en el cumplimiento de la promesa, Él lo ha prometido, y Él lo hará.

Los Procesos de Ajustes

Casi siempre se minimiza el impacto que produce el cambio de estatus de soltero a compromiso formal de noviazgo o matrimonio. De vivir enfocados en sus propias demandas de vida, a colocar a esa persona en su núcleo de vida y dejar de ser el centro, crea tensión y puede empujar a un sin número de situaciones, que sorprenderían a cada uno y hasta llevarían a la incomodidad. Cada cual luchando por mantener su antiguo estatus, sin ceder ante sus deseos y derechos como individuo. Esta situación es parte de un proceso de ajustes.

Los procesos de ajuste son manejados por terapeutas de familia, o especialistas de la conducta humana, si así lo desea la pareja, y dependiendo del compromiso de ambos ante el proceso, la prognosis es muy alentadora y positiva para la pareja. Éstas que buscan ayuda, usualmente son movidas por el amor, compromiso con la relación o la pasión que siente por su cónyuge. Por lo tanto, es meritorio y prudente, que cada pareja se tome el tiempo necesario para conocerse y reconocer lo que realmente los une y los lazos que realmente los atan.

De no ser así, se unirán por razones que al poco tiempo los llevarán por el camino de la amargura, decepción, incomprensión, desacuerdos y hasta la separación. Esta última pudiera ser hasta contenciosa. Por otra parte, algunas parejas se enfocan en lo que han soñado, en lo que será posible por estar juntos y en lo que lucharán para que nada dañe su relación. Están conscientes de algunas diferencias o desacuerdos entre ellos, saben que cargan con sistemas diferentes de crianza y reconocen lo difícil que es comunicar lo que aún ellos mismos no han superado, debido a los sistemas de creencias con los que se han desarrollado y que parecieran inherentes a sus vidas.

Embriagados por las emociones, y deseosos de estar juntos, es fácil poner a un lado todo y crear la idea de que todo estará bien.

Cada pareja tiene sus metas en particular, y esas son las que impulsan el proceso. La pregunta sería, *¿cuán preparados estamos para dar ese paso?* Por otro lado, sería pertinente identificar la razón por la que se desea apresurar el proceso. Estos impulsos y decisiones son las que más adelante comprometen ese sueño, que en un abrir y cerrar de ojos, se convierte en una desafortunada pesadilla.

Te presento una lista de razones por las que algunos empujan el proceso de matrimonio o de convivir con su pareja y luego luchan con los ajustes y hasta terminan en separaciones y contiendas que dejan mucho dolor sobre una temporada que debió estar llena de mucha expectación y dicha:

- Por razones económicas en el hogar de uno o ambos.
- Desaprobación de la relación por parte de los padres.
- Desacuerdos con los padres.
- Adicciones de los padres.
- Enfermedad de algún miembro de familia inmediata.
- Sentimiento de soledad.
- Falta de apoyo de parte de cuidadores.
- Abuso en cualquiera de sus formas.

Si analizáramos cada una de las anteriores, en conjunto con un terapeuta, de seguro habría mucho que trabajar a nivel individual, buscando el bienestar del individuo. Sopesando el derecho a la salud mental y felicidad que cada cual merece disfrutar. La opción de unirse a otra persona para salir del hueco, abismo, lucha, en fin, ese lugar en el que se siente o sienten acordonados, no debe ser una opción. Puede ser que se sientan atraídos por vivencias similares y deseos de salir adelante, pero definitivamente no es la mejor opción.

Al unirnos a un compromiso como lo es el matrimonio, nos deben unir otros lazos: los del amor, pasión y compromiso. A eso le sumamos la gran responsabilidad de seleccionar a esa persona, que será nuestro acompañante posiblemente de toda la vida, y con la que juntos forjaremos un futuro para nuestra familia, (hijos de ser el deseo de ambos) y una vida llena de expectación, trabajando por el bienestar del cónyuge.

Mejor no entro

Existe un sector de la población que se rehúsa a entrar en relaciones formales. La pregunta sería *¿qué los detiene o motiva a no querer entrar en compromisos formales, como lo son el noviazgo o matrimonio?* Si bien es cierto que se debe estar preparado, estable, financieramente, decidido por las razones correctas y alineado a la persona idónea, no es menos cierto que la persona perfecta no existe, y que las circunstancias de cada cual no definen a la persona.

El temor ante lo desconocido, es el factor principal que muchos manifiestan al momento de ser cuestionados al respecto. Sus propios temores, neutralizan el posible deseo de una relación formal, estable con vías al compromiso. Algunos justifican su planteamiento o sistema de creencia, con el supuesto deseo de autorrealización, compromisos previos a conocer a esa persona, por cuestiones laborales, ascensos, adquisición de bienes, estudios, y más estudios, y el supuesto y genuino interés de hacer las cosas bien.

Nada de lo anterior es negativo o carente de propósitos o metas justificables. Lo que cada individuo identificado en este aspecto debería cuestionarse sería, si esos argumentos o justificaciones realmente llenan los espacios y necesidades en esa temporada de su vida y si han considerado de forma integral los pro y los contra de tales decisiones.

Si uno de los integrantes de la pareja tiene este tipo de decisión, es sumamente importante que le informe de forma clara y sincera. De esta manera, la otra parte no albergará falsas expectativas y podrá decidir con más objetividad qué hacer al respecto. Hay parejas que al enterarse, deciden quedarse con la *"esperanza de cambiar la opinión de esa persona"*. Sufren mucho en ese proceso, pues, después de invertir tiempo y esfuerzo en esa relación, se dan cuenta que no valió la pena, y que no se le valoró como persona. Esa parte es la que más heridas causa en la persona afectada. Por otro lado, el reclamo no es válido ya que fue advertido, y consintió en la situación. Otros deciden vivir sin ningún tipo de compromiso, y solo en ocasiones se hacen reclamos de ambas partes. Esto último trae como consecuencia, parejas con poco compromiso hacia la relación, y con inestabilidad emocional, al reflexionar en algún momento sobre lo que pudo ser y nunca fue, entiéndase hijos, bienes en común, negocios en común o un legado diferente al que tienen en ese momento.

¿Qué produce tanto temor en la actualidad? ¿Quién promueve el temor? ¿Qué o quiénes alimentan los temores?

En la actualidad, como en el pasado, el único creador del gran árbol del temor y de todos los frutos del mismo, es el engañador y usurpador de este mundo. Frutos como la envidia, la contienda, mentiras, medias verdades, orgullo, impaciencia entre otros, son los que cada día son comidos por muchos. El deseo de querer más, y de que todo sea rápido, el querer ser mejor que otros y que todos, no importando la falta de sinceridad por cuidar con celos el ego (*negándose la oportunidad de aprender de otros cuando desconozco*), son parte de esos temores.

El temor a no ser reconocidos, a pasar desapercibidos, temor a no ser respetados y valorados por un puesto, título, finanzas o estatus social, que reconozca lo que otros no logran ver, o que ni ellos mismos ven en sí mismos. Es triste, pero real que todo lo mencionado y más, es lo que de una forma u otra hace del individuo un esclavo en la actualidad. En un intento por justificar y no dejar ver el verdadero yo, se le pasa factura a los que de una forma u otra impactaron de forma negativa, la vida del individuo. Se culpa a la cultura, a la falta de recursos, a la mala suerte y hasta al dios que reclaman está ausente ya que según ellos, no responde a sus pedidos.

Quiero depositar sobre tu vida un conocimiento que traerá cambios en tu realidad actual, si lo recibes con fe, creyéndole al que me envió a ilustrarte. A veces hacemos las cosas por emoción, otras por conveniencia, algunas por ataduras y muchas por desconocimiento. *"Mi pueblo perece por falta de conocimiento"* (Oseas 4:6)

(Deuteronomio 28:1) "Si oyes la voz de Jehová, tu Dios te exaltará sobre todas las naciones de la tierra", es tiempo de dejar de escuchar los engaños que producen el temor que te paraliza, y que no te permiten ser quién Él desea que seas, un hijo del reino delegado para reinar sobre tu casa, tu tierra, con dominio propio para hacer lo que crees que no puedes hacer, para convertir lo imposible en posible, y para alcanzar grandes cosas en su Nombre, sin hacer de otros tus súbditos, y mucho menos ser esclavo del miedo. Es tiempo de creer en que para llegar a disfrutar de esa promesa, Dios hará lo necesario para desarrollarte y para conectarte con las personas

correctas, en el tiempo correcto, bajo las circunstancias idóneas, y eficaces para ensanchar tu tienda. Amén

(Deuteronomio 28:2) "Vendrán sobre ti todas estas bendiciones y te alcanzarán". Decir "t*odas*" es algo *grandioso, ¡Poderoso!* Saber que no tienes que ir tras lo que crees que es mejor, sino que más bien lo mejor te perseguirá. *Todo vendrá sobre ti.*

(Deuteronomio 28:3) "Bendito serás en la ciudad y en el campo"
No importa la geografía a donde vayas, o de donde vengas, serás bendecido.

(Deuteronomio 28:4) "Bendito el fruto de tu vientre, vacas, el fruto de la tierra, rebaño" Es decir, todo lo que te otorgue para desarrollar, organizar, construir, establecer, levantar o distribuir, ¡será bendecido!

(Deuteronomio 28:6) "Bendito tu entrar y salir". Ya sea que te mudes, regreses, o tengas que hacer negocios dentro o fuera de tu entorno, en todo te irá bien.

(Deuteronomio 28:7) "Jehová derrotará a tus enemigos, por un lado vienen y por el otro salen" El temor por perder algo no puede prevalecer porque Dios cual poderoso gigante es tu escudo protector. Nada pueden prevalecer contra El Gran Yo Soy que está presente para defenderte.

(Deuteronomio 28:8) "Sobre todo lo que tocares verás su bendición". Es tiempo de crear y multiplicar lo que Él ha depositado sobre ti, tus sueños y metas serán realidad conforme a sus propósitos. Todo lo que toquen tus manos prosperará.

(Deuteronomio 28:9) "Te confirmará como suyo, pueblo santo" El colofón de Dios en tu vida es que eres parte del pueblo santo que el compró con su propia vida. Por eso Jesús te confirmó con su muerte.

(Deuteronomio 28:10) "Y verán todos que Él es sobre ti y te temerán". Es nuestra responsabilidad dar testimonio de Dios en nuestras vidas a fin de obtener el respeto y la admiración de la gente; con un proceder así, jamás, nadie te atropellará porque verán que el favor, gracia y cuidado Dios, te acompañan.

(Deuteronomio 28:11) "Te hará sobreabundar en tu tierra y bienes". Ya es tiempo de que asimiles cuál es tu verdadera identidad, y porqué, eres tan amado por Dios y que además, *fuiste bendecido* en otro creyente como tú, llamado *Abraham. (Gálatas 3:9)*

(Deuteronomio 28:12) "Te abrirá su buen tesoro en el cielo para enviar la lluvia de bendición a tu tierra, para bendecir toda obra de tus manos, y prestarás a muchas naciones y no pedirás prestado". Esto indica que ya no serás avergonzado por lo que te falta, sino que será enaltecido por lo que te sobra.

(Deuteronomio 28:13) "Te pondrá por cabeza y no por cola" Con esta sentencia ya no hay chance para la "mala suerte" porque la buenaventura, que siempre ha estado sobre tu vida, renacerá como la mañana. Tendrás liderazgo, dirección de lo alto para hacer cosas nuevas, innovadoras, importantes. Las oportunidades aparecerán sin buscarlas.

(Deuteronomio 28:14) "Si no te apartas de él, para servirles a otros dioses y servirles, todo por fe". Esta escritura es una advertencia seria para que no mires atrás, ni te vuelvas al dios temor, envidia,

injusticia, rencor, orgullo, impaciencia, maldad, etc. Es tiempo de disfrutar de todo lo que es tuyo por derecho, como hijo del **Rey**. *¡Aleluya!* Ese es nuestro Papá. Todo eso y más están reservado, para que ahora puedas disfrutar junto a los tuyos. Sin olvidarte de que todo es por su gracia. Recordando cada día lo insondables que son sus caminos. Reconociendo su grandeza, poder y autoridad sobre todo lo que existe en la tierra y en los cielos. Viviendo cada día motivado a seguir en expectación, por lo que ha de hacer en favor de sus hijos, delegados por Él para reinar y dominar la tierra.

Lo Tuyo, Aunque Tardare por un tiempo, llegará

La realidad es que bajo el cielo, tenemos que esperar para todo. Esperamos hasta para ser recibidos en este mundo. Algunas madres han tenido que esperar años, hasta poder ver el cumplimiento de la promesa de tener un hijo, y finalmente pudieron concebir y al término de 9 largos meses, recibieron en sus brazos a su criatura. Otras continúan esperando, y mientras más tiempo pasa, la incertidumbre y desaliento va arropando la vida de esos padres.

Puede ser que el Señor les haya depositado una palabra y un sueño, pero al paso del tiempo, la incredulidad comienza a invadir sus vidas, cuando esta entra, se alimenta de lo que escuchamos de otros y de lo que hablamos en fe, o en incredulidad. Recuerda, que lo que siembras cosechas, esperando que a su tiempo, llegue el fruto para comer. Es por eso que debemos ser muy cautelosos con lo que esparcimos con nuestras palabras. El sabio Salomón en *Proverbios 6:2* deja una advertencia: *Te has enlazado con las palabras de tu boca, Y has quedado preso en los dichos de tus labios.* Cuán importante es que nuestros pensamientos estén alineados a la voluntad de nuestro Padre, que está dispuesto a escuchar nuestras peticiones en concordancia con lo que él ha dispuesto para nosotros, y a enviar lo que Él entiende, es mejor en cada situación. Dios es sin duda alguna el mejor asesor legal, médico, mentor, asesor financiero, el mejor en todo lo que necesites en este mundo natural, y necesita gente alineada a Él, trabajando para las naciones.

Otros sueñan con tener su propia casa. Si hasta ahora vives rentando, o en la casa de tus padres y deseas salir de ahí, para tener algo propio, sigue adelante y se agradecido por lo que tienes en el momento, pero no te conformes con menos, no olvides que nuestro Dios, el Todopoderoso te bendijo con toda bendición espiritual, para que vivas una vida abundante, sin ataduras ni restricciones.

Muchos reciben la palabra de otros, que viven bajo la doctrina de la cultura del: *"yo no lo merezco por los errores del pasado, o porque el que menos tiene, es verdaderamente humilde, y el que posiblemente, entra al reino de los cielos"*. **Error**. Muchos se han acomodado a paradigmas por tradición familiar o por comodidad. Humildad de corazón es cuán alineados están tus pensamientos, y tu ser al Padre, en una relación tal, que día a día es más evidente la abundancia de bendiciones, cobertura y favor sobre esa persona. Esto sin tomar en consideración su estatus social, sus conocimientos formales, sus conexiones o sus esfuerzos.

Un cambio de mentalidad, es necesario para poder entender qué es lo que realmente necesitamos. La relación con el Todopoderoso y la dirección del espíritu, cada día te preparará para ello y sobre todo, haber recibido en el espíritu que somos la justicia de Dios en Cristo Jesús, y aceptos por tan grande bendición.

Otros sueñan con esa pareja, que todavía no llega y ya sienten que su tiempo pasó, para recibir esa bendición. Unos sueñan con esa carrera profesional que aún no terminan o ni comienzan. Algunos, con ensanchar su ministerio, y otros con alcanzar un pequeño negocio que pudieran desarrollar.

Si te fijas, todos son sueños buenos. Muchas veces los acomodamos a nuestras fuerzas, tiempo y beneficio. Extendemos nuestra fe, hasta donde es posible alcanzar por nuestras fuerzas, el milagro o la bendición, pero es cuando nos alejamos del cumplimiento de la promesa, pues tú y yo no tenemos poder o fuerza natural, para que se cumpla nada, solamente cuando reconocemos su poder, dominio y autoridad sobre todo y comenzamos a creerle a Él, sin ponerle límites, solo entonces vemos su mano actuando a favor nuestro.

Al confiar en Él comenzamos a relajarnos, reposar, y a desarrollar la fe cimentada de cómo realmente, opera el reino. Es entonces, cuando bajo esa premisa, nos liberamos cada día de ese espíritu de incertidumbre, y agotamiento espiritual, queriendo hacer lo que no nos corresponde, comienza un proceso, en que puedes percibir como el poder sobrenatural se desata, y los tiempos giran en una sola dirección conforme a su propósito el cual está cada vez más cerca del cumplimiento de sus promesas, aún cuando no ves nada, sin embargo, tu ser se mantiene inundado de nuevos sueños y nuevas fuerzas.

Se inicia un nuevo sistema de creencias: *"todo lo puedo en Cristo"*, *"Él está aquí para mí"*, *"nada podrá detener mi milagro"* *"Solo Él sabe lo que es mejor y lo recibo por fe"*, *"Su tiempo es perfecto"*, *"Ningún arma forjada podrá contra mí"*, *"Él es el camino la verdad y la vida"*, *"Por sus llagas fuimos sanados"*, *"Fui creado para adorarle"*. Es tiempo de movernos en la dirección correcta, Él es la brújula que marca nuestro destino. Recuerda, que lo que se está manifestando en tu vida no es lo que necesariamente está pautado para ti de parte del cielo. Un proceso se está liberando a tu favor.

Ese es el plan de Dios para tu vida. Siempre la disposición es bendecirte, amarte, cubrirte, acompañarte y llevarte por el sendero de la restauración. Deja de creerle a tus emociones y pasiones terrenales. Todo llegará a su tiempo pero no es necesariamente lo que tú crees que es bueno y aceptable para tu espacio en esta tierra. Te sorprenderás con el tiempo y cambio de vida lo que realmente es y será de bendición. Siempre habrá sucesos que marcarán con dolor, otros con nuevos niveles, recuerda el Todopoderoso está presente. El cuestionar o murmurar, sólo siembra más dolor y hace crecer la incredulidad y por ende, no podrás manejar lo que viene y necesitarás, definitivamente, fortalecer esa relación con el Padre hasta que puedas comprender su fidelidad, aún en medio de lo inexplicable.

El orgullo no deja que avancemos

Cuando tenemos un problema que compromete nuestro conocimiento, finanzas, salud, familia, estatus entre otros, lo que frecuentemente pensamos es *¿cómo lo voy a resolver sin que los otros sepan?,* el ser humano se rehúsa equivocadamente a ser visto como un hombre que no sabe, o no puede realizar una que otra tarea; se debilita y cansa bajo ciertas presiones, sabe que necesita ayuda debido a que pierde el enfoque en momentos de crisis, pero todos somos parte de esa gran raza, *¡somos seres humanos!.* Cuando nos comparamos y medimos nuestras capacidades, talentos y virtudes y nos menospreciamos por lo que no es, o pudo ser, saboteamos lo más preciado del ser humano lo cual es su ser integral. El querer mostrar por nuestras fuerzas lo mejor de nosotros, sin considerar como realmente nos percibimos en nuestras conversaciones internas, es un gran engaño que lastima nuestro ego y todo nuestro ser. El orgullo, que subyace de nuestro justificado sentido de querer resolver, por nosotros mismos, lo que ni siquiera sabemos cómo interpretar, es lo que hace que pasemos por muchos procesos dolorosos.

Esa misma circunstancia, puede tornarse para muchos en un proceso de mucha enseñanza, y desarrollo del carácter. Menciono que sería de enseñanza y desarrollo de carácter, porque muchos creen que nuestro Señor, es alguien que anda por acá dándoles dolorosas enseñanzas a sus amados hijos, que han sido creados para dominar y reinar en esta tierra, bajo el rey del cielo, que extendió su reino a la tierra. Él desea una restauración de lo que perdió en el hombre, al ser expulsado del Edén, disipando de paso el dominio de la creación, que era perfecta. Fue la primera bendición que Dios le entregó al hombre representado en Adán y en Eva. Los procesos que van dirigidos a restituirte, solo te ayudarán y traerán bendición de parte del cielo. ¡Su bendición es la que añade y no te resta, Amén!

Por tanto, es importante que reconozcas que en tu debilidad Él te hace fuerte, vigoroso, proactivo, creativo y próspero en todo. Aléjate de tu propia prudencia y vive enfocado en esa relación con Él la cual, te saciará de todo lo que Él entiende, es necesario que tengas y desarrolles, para que seas bendecido en cada área para que puedas llevar a otros al encuentro con la *¡Verdad, la Vida y el Camino, o sea Cristo!* Es tiempo de escuchar lo que Él dice. Vivir por fe y seguir sus pasos es nuestra misión personal.

Definitivamente, el orgullo entorpece el camino y propósito del ser humano. *"He aquí aquel cuya alma no es recta, se enorgullece, más el justo por su fe vivirá"* (Habacuc 2:4). Es decir, el que vive por sus fuerzas pensando en lo que debe y sabe hacer mejor, y en lo que quiere adquirir, por derecho propio, vive bajo los esquemas de cómo opera el reino de este mundo natural.

El orgullo, es el motivador principal que impulsa los deseos y pasiones del *yo* ideal, que tenemos los seres humanos lo cual, resaltamos y reflejamos cuando nos aferramos a nuestros derechos del poder adquisitivo de este mundo.

Todo lo mencionado anteriormente está muy lejos de estar alineados con el Dador de todo, sin embargo, para bendecir por su gracia, Dios escogió al justo, y separó a todo aquel que vive creyendo en lo que no ve, pero espera con convicción lo que no se puede ver, ese es el que continuará su camino y afirma que vivirá por fe por lo tanto, *no será destruido*. Ese justo vive y vivirá en fe, pero el que no vive en fe *¿cómo será su caminar?,* un alma solo puede prevalecer si es recta, y guardada en perfecta paz, por el Soberano Rey y Todopoderoso del universo, del cielo y de la tierra. Hoy es un buen día para entregar todo nuestro ser a Él. Que sea su perfecta voluntad, atada a nuestra vida, creyendo que nos ama y que su fidelidad y poder, es más fuerte que ese gigante que estás enfrentando hoy.

La falta de conocimiento limita nuestras oportunidades

Desde que nacemos, estamos expuestos al conocimiento. Todo aquello a lo que somos expuestos, creará sensaciones de agrado o desagrado. Todos los gustos, preferencias, ideas, actitudes, valores, y conocimiento formal e informal de materias en el hogar, se aprenden, también las *disciplinas, reglas, patrones*. Todo lo que aprendemos será parte de nuestro sistema de creencias y formará parte casi inherente de cada persona. Lo que hemos mencionado se aprende, no es parte del ser integral. Cada familia desarrolla diferentes estilos y estructuras. Como he explicado anteriormente, los tipos de enseñanzas son únicos aunque, en ocasiones, errados, desarrollan personas de incompetencia emocional, mental y físicamente, se verá comprometido y puede que estancado por *falta de estímulos*. Las actitudes, y patrones de comportamientos exhibidos por los cuidadores en la niñez e infancia, serán la plataforma de interés y conocimiento de los menores. De ahí, aprenderán a responder a las circunstancias y problemas de la vida, entendiendo desde su perspectiva, que es lo correcto o aceptable. De modo que es muy común observar, cómo de generación a generación, son transmitidos los patrones y sistemas de creencias particulares de cada familia a su entorno.

Muchas veces se crea la falsa idea, de que se trata de genética, cuando realmente tiene que ver con la transmisión de conocimiento. Cuán importante es tener presente que somos los padres y cuidadores, los primeros en ser vistos como modelos para los menores. Nuestras respuestas inmediatas, ante eventos importantes o desafiantes, serán parte del desarrollo integral de los pequeños. Son esas respuestas, las que formarán a los chiquillos y jóvenes en personas de valores, fuertes, comedidas, sensatas, humildes, sensibles, cooperadoras, serenas, y llenas de expectación ante el futuro, aún en medio de situaciones estresantes y de incertidumbre.

Por otro lado, las respuestas de ansiedad, confusión, temor, irritabilidad, hipersensibilidad, negatividad, derrotismo, autoridad extrema y descontrol de emociones, se convierten en la plataforma ideal, para desarrollar muchas veces al adulto temeroso, ansioso, y atado a un sin fin de problemas de adaptación en un mundo lleno de competitividad. Esos jóvenes en ocasiones se unen a otros con sistemas de creencias similares, y siguen ese ciclo de vida luchando por ser como otros, o tratando de descifrar o entender por qué no logran desarrollarse como otros y alcanzar metas y sueños. La frustración ante el desconocimiento y la indignación, hace que nuestra propia persona busque salir de ciertos patrones y desaprender, vaciar y poder llenarse de nuevos sistemas de creencias lo que no es tan sencillo. Recuerda, que tomó años a que estos fueran fijados por patrones que gradualmente se hicieron costumbres. Esas costumbres, aunque en la adolescencia y en la madurez son identificadas como piedras que nos hicieron dar más vueltas en el sendero, para llegar con trabajo al mismo lugar, que otros tuvieron fácil acceso, volvemos en ocasiones a buscarlas y ubicarlas en el atajo correcto, pues de forma subjetiva entendemos que esa manera o sistema es el ideal, o mejor que el nuestro. Muchas veces se justifica este método, con las lealtades al sistema familiar o de crianza. Es decir, *"así lo hicieron siempre en mi familia", "así fuimos criados"*.

Después de haber impartido seminarios o talleres con temas sobre la familia, he tenido la oportunidad de compartir con muchos padres, y es muy común para mí escuchar de parte de ellos, el sentido de urgencia sobre seguir adquiriendo conocimiento sobre dichos temas. También es muy común escucharles decir: Mayda, si yo hubiera tenido más conocimiento al respecto, *"muchas cosas, posiblemente hubieran sido diferentes"*, otros refieren que no fueron diligentes pero que quieren aprender nuevos sistemas de creencias, para sembrar en la vida de sus nietos u otros familiares.

A ustedes las parejas, que aún no han formalizado un hogar y a los que ya están casados, les invito a tomar mayor conciencia reflexiva, sobre los procesos a los que fueron expuestos, a los métodos de creencias que hasta ahora, forman la plataforma de vida que exhibes ante la sociedad que siempre anda buscado, *el yo ideal*.

Es necesario conocer la *etiología* de las creencias, que has notado en ti y en tu futura pareja, esas que tratas de entender y no logras descifrar y que en ocasiones decides, que puedes aprender a vivir adoptando parte de esos patrones, pues entiendes que esa persona es la que deseas que te acompañe en tu caminar por la vida. En otras ocasiones, esos patrones que un día aprobaste, te hacen sentir impotente ante las respuestas inesperadas y contundentes de ese ser, que decidiste fuera tu acompañante de vida. Todo se trata de conocernos, convivir, crecer juntos, y aprender nuevos sistemas de creencias libres de ataduras del pasado y de cargas pesadas.

Recomiendo que el proceso de despojarse y llenarse de nuevas creencias, sean entre la pareja, se haga con la ayuda de un terapeuta de familia o de parejas. Es así como ambos se sentirán seguros y neutralizados en ese proceso en el que de seguro, saldrán con ideas y estrategias que les ayudarán a ser una pareja no perfecta, pero decidida a tener éxito y gozar a plenitud de la compañía de su pareja, libres para amar y creer en el amor que desarrolla raíces de servicio, comprensión, perdón, fidelidad, compromiso, pasión y liderazgo para la futura familia o generación, pasando así nuevos patrones validados por ambos lados. Libres de sentimientos de culpa, dejando atrás lo que en un tiempo fue de estancamiento, escasez y poco conocimiento, sobre relaciones exitosas de familia o de pareja.

Llegará el momento en que *"la tierra será llena de conocimiento de la gloria de Dios, la cubrirá como las aguas cubren el mar"* (*Habacuc 2:14*). *¡Ese tiempo llegó hoy para ti!* El término: *"será llena"* implica un proceso, la pregunta es: *¿quiénes serán los embajadores del reino, que llenarán la tierra de ese conocimiento? ¡Puede que seas tú! ¡Sí!.* Se nos está preparando para que seamos canales de bendición para otros al dejarles saber a todo el que podamos, que tenemos derecho, autoridad y acceso al reino de los cielos para vivir bajo las bendiciones del padre de todas las naciones.

El Creador del universo desea nuestro bienestar, Él nos otorgó la libertad por su gracia y amor. Ahora, está en nosotros recibirle como nuestro Salvador y dejar que nos llene de su Espíritu Santo. Es así como él crecerá y nosotros menguamos. El conocimiento divino es el que nos afirma en cada paso que damos, es el que nos asegura transparencia en todo lo que nos propongamos en el mundo natural, pero, bajo la dirección y guía de su Espíritu. *Reconócelo en todos tus planes y el concederá las peticiones de tu corazón.* Aférrate a esta preciosa palabra que de seguro caerá en terreno fértil, para dar fruto al ciento por uno en tu vida.

(Habacuc 2:3) "Aunque la visión tardará aún por un tiempo, más se apresurará hacia el fin, y no mentirá, aunque tardare, espéralo, porque sin duda vendrá, no tardará."

Cuando creas que tu sueño es irreal, Él te dice que es "por un tiempo más" *(el tiempo de Dios no es entendido por los seres humanos.)* Te adelanto que en ese tiempo cuando no ves ningún progreso y te sientes lejos del cumplimiento de tu promesa, es cuando más cerca estás de alcanzarla. Además te invita a pensar en el que da la promesa, y Él comienza a mostrar el camino. Te dice que esperes porque vendrá y no tardará. Dos veces te menciona que por un tiempo tardará, pero vendrá, es decir, es solo en su tiempo, el cual es perfecto.

Procesos de Vida

Anualmente revisa el inicio de cada proceso y cómo saliste del mismo. Agradece por los que están cerca de ti y por los que estuvieron en esa evolución. Deja que fluya el amor y la misericordia hacia otros. Recuerda, no es bueno que quieras ser el centro de atracción de tu dolor, hacerse la víctima en el proceso no es la mejor opción.

No se trata de ti, se trata de Él. Dios tiene todo sujeto y su soberanía se manifiesta en las evoluciones también. No catapultes su gloria en el momento de victoria, ni trates de convencer con tus pensamientos y justificaciones, que el carácter del Rey de reyes, es inconstante. El es el principio y el final, sus promesas, pautas y su amor eterno, son las mismas. No trates de comprender lo incomprensible. Sé honesto, déjale saber cómo estás y lo que sientes, entrégale tu ser, ese corazón humillado, dolido, maltratado como está, será la ofrenda más preciada para Él.

Los procesos en la vida muchas veces nos dejan exhaustos, sin fuerzas, creatividad, sin pasión por la vida. Los procesos en los que hubo pérdidas, tales como la muerte de un cónyuge, divorcio, separación de hijos, muerte de un padre o hijo, todo ello provoca un profundo dolor a flor de piel, tristeza y heridas que parecieran no sanar nunca, son los tiempos de mayor vulnerabilidad para llevar a los santos a sentirse, como parte de una vida cristiana de simulación. Por causa de esas circunstancias, opacan la fe y la adoración en sus vidas. Juzgan su dolor en base a lo que ven sus ojos y prestan mucho oído a sus conversaciones internas. Las que personas que susurran, no sé, no tengo, no puedo, Dios se fue con otros, crean conflictos en su vida interior.

Los procesos de escasez y de insolvencia económica, llevan a pensamientos de culpa, e inducen a caer en la vergüenza ante el mundo y por ende, causan dolor en uno mismo.

Los procesos de traición, desacuerdos y malos entendidos, empujan a la desesperación y al demérito del ser. Las preguntas sobrarán y las respuestas serán en base al dolor e importancia que le otorgue a los eventos. Todos tenemos un proceso que de una u otra forma, marcó con fuerza un área de nuestras vidas.

Te puedo garantizar que en nuestro Salvador, hay poder para sanar cada herida, rechazo, abandono y dolor, que es algo que asaltó y robó nuestra inocencia, paciencia, honor, paz, gozo, deseos de luchar, salud y equilibrio emocional. Que poderosa palabra muy contundente para todos en la actualidad, dicho sea de paso, su palabra es para siempre y sus promesas en Él, son un sí y un amen.

(Génesis 14:16) "Y recobró todos sus bienes, también a su pariente Lot con sus posesiones, y también a las mujeres y a la gente"

A veces, lo que más deseamos recobrar después de un tiempo de pausa o pérdidas, es a nosotros mismos, nuestra propia identidad. Sí, es como el querer encontrar equilibrio nuevamente y todo lo demás. Es el deseo de tener paz, poder mirar a la cara a todos y responder a las demandas de la vida con nuevas fuerzas. Pase lo que pase, o lo que se vea en el mundo natural, la promesa del Señor es que todo te será restituido, debido a que lo que Dios te da, nadie te lo puede quitar, por el contrario El traerá personas a ti para bendecirte, no habrá más soledad, tus finanzas serán arregladas y en el proceso sin darte cuenta, serás entrenado en el área de las finanzas para manejar conscientemente todo lo que se pondrá a tu disposición. La familia que se alejó de ti, volverá para ver lo que estás haciendo en lo sobrenatural.

Tal vez te preguntes: *¿por qué hablo así, con qué autoridad declaro algo así?* Lo hago, porque su palabra es fiel y verdadera y testifica de como ella liberta al cautivo. Ellos no son más, ni menos que tú o que yo. Hoy le creemos al Padre, por un milagro para tu vida. Creemos que hoy llegan nuevos procesos de restauración a tu vida, por amor de su nombre, para que le des toda la gloria y honra. No olvides que todo es por Él, y todo regresa a Él.

Capítulo 5

A- Actitudes
"DIVINAS"

Recientemente, el mundo entero fue testigo de un sinnúmero de eventos de índole catastrófico, que impactaron a poblaciones por todas las partes del globo terráqueo. Fenómenos naturales, masacres, crisis financieras, inestabilidad política, entre otros, que han tenido un impacto innegable sobre gran número de personas.

Vivimos en un mundo en donde no todo puede ser planeado. Te aseguro que no pasa un solo día, en donde una situación diferente, ocurre en el mundo. Creo que nadie espera que todas las luces rojas, se enciendan cuando ya vas 15 minutos tarde para el trabajo, o la hija derramó su jugo en tu pantalón nuevo, para colmo, recuerdas que metiste tu pantalón en la lavadora y tu celular estaba en uno de sus bolsillos. La manera en la que respondas a las circunstancias que definitivamente están fuera de nuestro control, nos permiten probarnos, analizarnos y comprobar qué tipo de actitud gobierna nuestras vidas, en cualquier tipo de incidente .

Según la psicología, la actitud es el comportamiento habitual que una persona emprende, ante diversas circunstancias. Las actitudes ayudan también a determinar la vida anímica de una persona, ya que son patentadas por acciones repetitivas, ante estímulos tanto positivos como negativos.

Puede que no todos lo sepan, pero personalmente me intriga y me apasiona todo lo que envuelve el comportamiento humano. Admiro en especial la diversidad, porque en ella puedo observar lo complejo y extraordinario de la creación de Dios. A diferencia del resto de los seres vivientes, poseemos una fisiología y un sistema de pensamiento racional que nos destaca. De la misma manera en que rechazamos ciertas actitudes de otros, así mismo copiamos comportamientos de aquellos que nos rodean o admiramos.

Es increíble observar, cómo dos personas diferentes ante una misma situación, son capaces de describir y reaccionar de maneras totalmente distintas ante lo ocurrido.

Luego del paso del huracán María, miraba las noticias y vi familias, que a pesar de haberlo perdido todo permanecían sonrientes y manifestando gratitud por su vida. Por otro lado, observaba personas disgustadas, por el hecho de tener que ajustarse a un ventilador, en lugar de un aire acondicionado. No estoy juzgando, ni mucho menos quisiera haber estado sin los servicios tan esenciales como la electricidad y el agua potable, pero sí cabe enfatizar, que las perspectivas y reacciones ante un mismo evento, suelen ser muy distintas entre una persona y otra.

Un factor muy importante que me gustaría destacar es que las actitudes pueden ser aprendidas. No sé cuánto has escuchado la frase: *"Es que son lo mismo, padre e hijo idénticos"* Pues sí, es muy real. Igualmente es viable entender, que según crecemos, aprendemos a descartar y distinguir entre actitudes erráticas y positivas. Lo interesante de todo esto es, que debido a que andamos en continuo aprendizaje, nuestra mente se basa en memorias subconscientes e inconscientes y muchas veces manifestamos actitudes aprendidas, de lo cual, ni siquiera nos percatamos. Es por tal razón, que al momento de escoger nuestras amistades y darle paso a individuos a nuestro círculo cercano de vida, debemos ser sumamente juiciosos.

Contágiate de actitudes positivas y no tóxicas

En los círculos llenos de murmuración, señalamientos, contienda, manipulación y malos hábitos, no hay reciprocidad alguna que no sea un ciclo de negatividad, que se carga sobre ti y la vida de los que te rodean. Nacemos y no escogemos a nuestra familia. El entorno que nos rodea en los años de niñez, nos es impuesto por nuestros custodios. El ambiente, la cultura, creencias, genética, estatus social y otros factores, representan influencias inevitables que van conformando parte de nuestra identidad. El que no hayas nacido bajo las mejores circunstancias, como padres indiferentes o ambientes abusivos, no determina quien serás por el resto de tu vida. No importa qué rumbo haya tomado tu camino, tu actitud puede ser definida por un nueva guía de pensamiento, la mente de Cristo.

La palabra de Dios describe, que como cuerpo de Cristo, tenemos la oportunidad de ser renovados. *(Efesios 4:23-24) dice: "Renovados en la actitud de su mente, y revestidos con el ropaje de la nueva naturaleza, creada a imagen de Dios, en verdadera justicia y santidad."*

Nosotros somos lo que confesamos, por esa razón te insto a repitas conmigo en voz alta, para que tu hombre natural te escuche, siguiente frase: *"Hoy decido ser revestido(a). Las actitudes negativas las dejo atrás... he sido renovado(a) bajo la mente de Cristo y por tal razón vivo en justicia y santidad."*

No aceptes declaraciones negativas para tu vida. Nuestra sociedad se ha convertido en un entorno, donde las personas creen tener las herramientas y autoridad, para definir individuos a través de la crítica, en su mayoría no constructiva. Si te han puesto una estampa de impaciente, mal humorado (a), volátil o cualquier otro estigma, cancela, anula, invalida, inhabilita eso en el nombre de Jesús.

Hombres y mujeres genuinos, engrandecen a su prójimo. Declara palabras positivas, auténticas, efectivas, de prosperidad y amor en abundancia. Asume la identidad que te ha sido otorgada, por medio de Cristo, sacúdete, libérate de cualquier pensamiento que te identifique como un derrotado, fracasado o vencido. Eso no es léxico de un ganador.

"Somos más que vencedores por medio de Aquel que nos amo primero." (Romanos 8:28)

Hemos comprendido que nuestras actitudes pueden ser moldeables cuando son sometidas a Dios. A diferencia de nuestro carácter, la actitud progresa de manera acentuada en situaciones inesperadas, en donde de manera repentina, hemos sido puestos a prueba.

Cabe pensar ahora: ¿Qué de mi carácter, personalidad y temperamento? ¿Cuál es la diferencia? A continuación hablaremos un poco, sobre lo que es el carácter, observaremos cómo se diferencia de nuestra actitud, así como la vitalidad de su rol en nuestro mundo espiritual.

"Un carácter adquirido"

Históricamente, desde los inicios más prematuros de nuestro desarrollo como seres humanos, hemos manifestado dos tipos de acciones que conforman lo que hoy somos como individuos:
1. **Acciones Innatas,** cuya palabra proviene del latín *"innatus"* que se refiere a *aquello que resulta natural para un sujeto que nace "con él mismo".*

2. **Acciones aprendidas,** esto se refiere a *cosas o paradigmas que se aprenden a lo largo de toda la vida.*

A lo largo de este capítulo, nos vamos a estar enfocando en diversos componentes del carácter. A diferencia de procesos biológicamente automáticos, como lo son los reflejos de succionar, respira o gatear, cosa que naturalmente podemos observar en un infante saludable. El carácter ha mostrado ser un fenómeno aprendido o asimilado, este ha sido arduamente estudiado e indudablemente, es fascinante, ya que toma precedencia desde los inicios de la humanidad.

¿Ahora bien, qué es el carácter?

La palabra carácter, es de origen griego, "kharakter", deriva del latín "character", que significa *"el que graba"*. Esa palabra tiene múltiples significados. En un categórico contexto, hablar del carácter del hombre es referente a su personalidad y temperamento. Es un esquema psicológico de las características propias de un individuo, e interesante por demás. Es importante enfatizar estos puntos, ya que entiendo que para comprender a la humanidad presente, es vital conocer cómo funciona y qué alcance tiene el carácter, en las relaciones interpersonales.

Estudiosos del comportamiento humano de nuestro siglo describen el carácter como: *"El sello que nos identifica y diferencia de nuestros semejantes. Es un producto de aprendizaje social."* (Caballero, 2018).

Si bien analizamos el contorno de ambas definiciones, independientemente de los siglos que existen de por medio, podemos concluir, que el entendimiento de lo que en esencia es el carácter, no ha cambiado significativamente a través de los tiempos.

Salomón lo explica en una de sus enseñanzas de esta manera: *"Instruye al niño en su camino, Y aun cuando fuere viejo, no se apartará de él. (Proverbios 22:6)*

Dios venía educando a su pueblo desde la antigüedad, sobre la vitalidad de la formación del carácter, especialmente, dándole un énfasis a los primeros años de vida. Entonces, si decidir por Cristo representa la decisión más sabia que una persona puede tomar, *¿por qué esperar a la adolescencia o juventud para instruir acerca de Dios, a mentes ya maduras? ¿Para qué educar a una mente infantil, de un vocabulario limitado, y una mente aún en desarrollo?* La respuesta la encontramos en el carácter. Un carácter *"que graba"*. Para los que tenemos hijos o han cuidado de alguno, sabemos que es en los primeros años de vida, donde los niños no hacen otra cosa que copiar todo lo que les rodea. Existe incluso, un dicho muy común que describe a los pequeños como "esponjas", ya que absorben fácilmente conductas, palabras o acciones particulares, pertenecientes al ambiente al que han sido expuestos.

Sorprendentemente para algunos, Jesús no dijo que el reino de los cielos sería de las mentes más estudiosas, o para aquellos que han alcanzado mayores éxitos. Jesús dijo*: "Dejen a los niños venir a Mí, y no se lo impidan, porque de los tales es el reino de los cielos (Mateo 19:14).*

Jesús desea un pueblo receptivo, abierto al aprendizaje. Busca mentes enseñables, dirigidas hacia un crecimiento espiritual continuo de revelación, mentes que simplemente se asemejen al carácter de un niño. Ahora bien, la realidad es que vivimos en un mundo corrupto y lleno de pecado. Teniendo en mente que el carácter forjado en un niño, recae considerablemente sobre el impacto del ambiente que le rodea, de lo que ven, escuchan y viven. Pareciera imposible guardarlos de la exposición al mal. Todos nacemos con una naturaleza pecaminosa en nuestros genes; la obtenemos a través del ADN de Adán de manera innata, como describí al principio del capítulo.

Entonces, con todos estos componentes externos en nuestra contra, ¿Cómo educar familias para el reino de Dios? ¿Cómo tener un matrimonio exitoso? ¿Cómo reflejar el carácter de Dios en mí? A continuación, les estaré contando lo que la palabra de Dios me ha enseñado. Les compartiré experiencias en las cuales como mujer, madre y esposa, me hice estas mismas preguntas. Cabe anticipar, que las revelaciones que el Señor me otorgó en el pasado, han sido aumentadas en el presente, y si han sido de beneficio para mí, te aseguro que igualmente lo serán para tu vida.

La palabra de Dios es viva y nos habla constantemente. No existe circunstancia alguna por la cual estés atravesando, de la cual Dios desconozca. No existe problema, persona o cosa alguna que detenga los propósitos que Dios ha destinado para tu vida. Dios pensó en ti, te separó desde antes que te formabas en el vientre de tu madre, no importó en qué familia ibas a posarte, tu estatus social, vida pasada o presente, te aseguro que nada, absolutamente nada, te podrá separar de su misericordiosa, gracia y amor.

Parejas: Uniendo dos caracteres diferentes

Todos hemos pasado por la fase mágica del cuento de hadas, en donde conocemos a esa persona, que nos hace flotar por los aires. Ese (a) que llega a la puerta de tu casa, con una aurora sobre su cabeza, quien misteriosamente pareciera ser tu alma gemela. *"News flash!"* como dicen algunos, pero nada de esto es real.

La realidad, es que por más compatible que te sientas junto a tu pareja, no existe forma alguna de que ambos sean idénticos. Fisiológicamente somos diferentes, por ende, nuestras necesidades son distintas. El entorno familiar, la cultura, creencias o eventos significativos de impacto personal, podrán ser similares, pero nunca exactos. Como dice mi querida madre: *"Todos tenemos bagaje"*.

Desde que nacemos, vamos adoptando costumbres, actitudes e ideales que van forjando nuestro ser. Es durante un proceso natural de desarrollo, que se van asumiendo diversos roles transicionales hasta que finalmente, escogemos una identidad ideal, la imagen que presentamos al mundo. Menciono *"identidad ideal"*, ya que en muchas ocasiones, en el momento en que sentimos que nuestra proyección está siendo puesta a prueba, obviamos ciertos aspectos de nuestra personalidad,

En la jerarquía de las necesidades humanas, propuesta por el teórico *Abraham Maslow*, y citada por Barlow, David H. & Durand, V. Mark, (2001), observamos claramente que la afiliación social, el sentido de pertenecer a un grupo, son indudablemente una parte básica de todo ser humano. Es por esta misma razón por la que las personas disfrazan inseguridades, malos hábitos, temperamentos explosivos y otros mecanismos de su carácter, simplemente porque desean agradar a otros. El problema de todo esto, es que las sorpresas llegan. Recuerda, que a mayor cercanía con una persona, mejor es la calidad de interacción y consecuente a esto, el pixel de los detalles culminan, revelando aspectos que antes no veías.

Imagínate que saliste a comprar una caja de chocolates y el precio, el empaque, y la compañía que lo produce, apunta a que la calidad de este artículo, es de primera. Llevas varios días esperando que llegue el fin de semana, para probar un pedacito de esa exquisitez, desde el momento que saliste de la tienda bolsa en mano, llevas imaginándote, el gran momento de saborear el fino chocolate. Finalmente, llegó el gran día. Miras a tu alrededor, por si acaso anda cerca uno de esos amigotes, que les encanta pedir de tu postre. No hay nadie. Es el momento oportuno. Abres la cajita y para tu sorpresa... ¡chicharrones "gourmet"! ¡Qué! ¿Cómo es posible? Para amantes del chocolate como yo, este es un escenario indudablemente catastrófico.

Amigo y amiga, antes de promocionar el producto que eres como persona, evalúate. Analiza qué o quién ha tenido un impacto consistente en tu vida, como para que hoy vivas reflejando los efectos de tal influencia. Lamentablemente, no siempre hablamos de influencias positivas. Es muy común ver personas cargando con una negatividad, que no han podido dejar ir. Eventos traumáticos, decepciones, infidelidad, abandono, son estas y muchas más, las situaciones que tienen la capacidad de impactar a un individuo incluso, hasta por el resto de su vida.

El secreto aquí, es que Dios no anhela esto para tu vida. Cristo quiere que seas libre de toda atadura, que te impida vivir una vida en libertad y plenitud divina. Si con algo te has identificado hasta ahora, quiero que sepas que Dios te dice a tu oído en este preciso momento: *"Hoy sano tu quebrantado corazón y vendo tus heridas..." (Salmos 147:3).*

Antes de comenzar una relación con esa persona que te hace volar, detente. Ni tú ni él son súper héroes. Establece primero una relación con tu Creador. Pídele que te muestre las ligaduras que te atan, las cadenas que llevas arrastrando y todo aquello que no te engrandece. Despójate de ellas en el nombre de Jesús. Comprende que no hay cadena que Dios no pueda romper, candado que no pueda abrir, ni pecado que no pueda ser arrojado tras sus espaldas, al fondo del mar.

Cuando des el paso de darte a conocer a quien escogiste como pareja, asegúrate de no ser como esa caja de chocolate con chicharrón por dentro. Preséntate tal y como eres. Comprende que de ahora en adelante estarás uniendo un carácter a otro totalmente distinto. Encárgate de haber asimilado que así como esperas que tu pareja te acepte con tus virtudes y defectos, de igual manera, esta aseveración aplica para ti. Hablar de temas profundos fuera de: *"que lindos son tus ojos"*, te permitirán ver más allá de lo superficial y te ayudarán a conocer la transparencia de ese carácter, al cual has dado paso a tu vida. Es determinante elegir una persona con las mismas convicciones que tú, que ame a Dios sobre todas las cosas, debe ser la mayor prioridad al momento de seleccionar a tu pareja. *¿Te cuento por qué?* Porque su crecimiento será continuo, ya que ambos, como entidades espirituales unidas bajo un mismo vínculo sagrado, ya no se ven con ojos carnales, sino a través de los ojos de Cristo.

Hace varios días atrás le comentaba esto mismo a una amiga, en primera instancia ella reaccionó volteando sus ojos. Mientras trataba de explicarle interrumpió y dijo en tono desesperante: *"...Gaby, suena muy lindo y todo, pero la realidad de mi vida es otra"*

Nuestra humanidad, nuestras emociones, nuestra carne nos insta a pensar de esta manera. Pensamientos como estos son los que nos limitan. Ya es hora de despojarnos de ese ciclo de ser víctimas. *"Dios no te ha dado un espíritu de cobardía, sino de Poder, de amor y de dominio propio" (2 Timoteo 1:7)*. La seguridad que Cristo nos otorga a través de su persona, no es algo fácil de asimilar. Aún más difícil es recibir esta palabra cuando andas caminando en medio de la tormenta.

Sí, somos humanos, las emociones nos gobiernan, es por eso que en medio de la tormenta, cuando Dios te invita a caminar por el agua, hacemos como Pedro y nos volteamos a mirar la barca. Una emoción a la que demos cabida, el miedo, la desesperación, la inseguridad, de un momento a otro desviará tú vista de los propósitos que Dios tiene con tu vida y con tu familia. Los matrimonios se hunden en el momento en que decides aferrarte del bote, en vez de sostener la mano de *Aquel* que tiene poder soberano sobre las aguas.

Mi convicción es que el éxito del matrimonio, sencillamente se encuentra en aprender a ver a tu pareja por medio de los ojos de Cristo. Creo firmemente en que tu tormenta será transitoria y segura, siempre y cuando pongamos nuestras emociones a un lado.

(1 Pedro 5:10 dice): "Y después de que hayan sufrido un poco de tiempo, Dios mismo, el Dios de toda gracia que los llamó a tener parte en su gloria eterna en unión con Jesucristo, los restaurará y los hará fuertes, firmes y estables."

Optar por actuar bajo una emoción carnal, es negarle la soberanía a Dios sobre tu vida, para auto proclamarte capitán de tu propia barca. En otras palabras, ya no son tus ojos los que miran a tu pareja, ni tus emociones quienes juzgan a tu pareja. Ya no es tu carácter el que hace fluir palabras de tu boca, sino Dios en ti. El éxito para tu vida, familia y matrimonio, está en dejar de ser nosotros mismos para darle paso a Dios, y dejar que sea Él quien more en nosotros.

Cada año

Revisa las actitudes que prevalecieron en ti. A quienes atraes con ellas y a quienes alejas, o has alejado. Es de suma importancia que muestres interés en este tema. Si el dolor te hace pensar que tienes derecho a responder como necio, como invencible, lleno de sarcasmo o rencor, detente y reflexiona. No es lo que necesitas implementar para fortalecer tu alma. Pide a alguien en quien confías y respetas, que te describa como individuo en los últimos 10 o 12 meses. Pregúntale cómo te percibe, cuando reaccionas ante el desafío, caos, desorden, injusticia, dolor, y quebranto. Tendrás una ligera idea de cómo están alineadas tus emociones al Rey de reyes, o si has estado desenfocado ante las circunstancias, algunas relaciones o personas, esas que tienen bastante influencia en tu vida, y que de una u otra forma, hoy reflexionas y el espíritu te redarguye y dice, no te suman, solo restan y desenfocan.

Puede que hayas copiado algunas actitudes y respuestas de algunos de ellos. Patrones que asimilaste poco a poco en la relación de amistad, o en la relación amorosa de la que ya saliste, y ahora logras ver cómo te impactó ciertas áreas. Estas son relaciones almáticas que restan y conducen al aborto de los planes eternos y el cumplimiento de los mismos.

Las actitudes que modelas ante el mundo, son un reflejo de tus miedos, rechazos, dolor, resentimiento, y en su gran mayoría aprendidas por los cuidadores y personas que de una forma u otra estuvieron a cargo de tus primeros años de vida, o que de una forma u otra impactaron tu existencia. La formación del carácter, esos siete u ocho primeros años de tu formación, colocaron las bases de tu futura vida equilibrada, o llena de incertidumbre y temor ante los desafíos de la vida. Siempre pensamos en las actitudes pesadas, difíciles de comprender, pero no estamos exentos de las actitudes que pasan desapercibidas. La arrogancia y el desdén entre cada etapa de la vida de los individuos, en general, son el fruto de querer controlar cada circunstancia, persona o el mundo que los rodea. Lo triste y el gran desafío, es entender que no existe la capacidad ni poder, para equilibrar e inducir al individuo a nuevos comienzos con cambios reales, significativos y permanentes, a no ser que se reciba del que todo lo hace nuevo, perfecto y con garantía de por vida, o sea ¡*Cristo Jesús!*

Mira lo que dice la palabra de Dios, nuestro Padre *"He aquí yo soy Jehová, Dios de toda carne, ¿habrá algo difícil para mí?" (Jeremías 32:27)*

Nada podrá contra el deseo de Él, que es tu Creador, y Creador de todo. Cuando entra para ordenar, nada podrá resistirse. Si alguno intenta meterse en el proceso de sanidad, en el trato de Él contigo, en ese trato de amor del Padre, de restauración, libertad, activación de dominio, poder y autoridad, el resultado será que no podrá contigo. Será sentado para ver cómo eres bendecido aun en medio de procesos. El deseo de la carne y del mundo, es avergonzarte, es llevarte a la desesperación, es verte sin opciones, pero eso no sucederá. Tu vida será guardada por Él, ¡para su gloria! Recuerda, para el que cree, todo es posible. Tus actitudes serán el puro reflejo del perfecto amor y *"el perfecto amor hecha fuera el temor." (1 Juan 4:18)* En el amor no hay temor. Dios es amor. Una vez comience a fluir la manifestación de su sanidad imputada en la cruz, notarás como tus actitudes tomarán un nuevo giro llenas de amor.

Capítulo 6
S- Sabiduría
"DE VIDA"

La falta de sabiduría limita nuestras oportunidades

Los hechos y las acciones van ligadas de continuo a los resultados que vemos, en las diferentes áreas de nuestras vidas. Cada vez que se cumple con una meta de forma satisfactoria y en un tiempo razonable para el cumplimiento, los ojos de todos se tornan hacia el individuo y se le reconoce con mérito. Siempre estarán los que usan la ocasión para criticar, aún cuando ellos no han logrado o intentado lo que el otro se dispuso a desarrollar y hacer con devoción y persistencia. Eso es parte de lo que caracteriza a muchos, debilidad de carácter. Esto permanece unido a las raíces de envidia que luchan en el interior de su ser. Estas acciones van dirigidas a descalificar y desmoralizar ante otros lo que el sabio y diligente logró. Lo que otros hacen y muy acertado por demás es, tratar de identificar los procesos, plan, conexiones, ideas, prioridades, financiamiento, etiología de esa creatividad (negocio, proyecto, producto o requisitos) para de una forma sabia y cautelosa tratar de recorrer ese sendero y alcanzar lo que tanto sueña, sin usurpar la idea o propuesta del admirado. Solo desea estar informado y conocer lo necesario para recorrer el mismo camino.

El conocimiento y peritaje unido a la experiencia y persistencia, sin duda alguna pueden ser grandes aliados para todo el que desea tener éxito en una o ciertas áreas. Sin embargo, la sabiduría y el carisma que demuestran algunos, supera en muchos casos todo lo antes mencionado. No me mal interpretes por favor, el conocimiento formal (académico, título, certificaciones, licenciaturas, especialidades entre otros) es sumamente importante. Es lo que nos garantiza y protege en las empresas, instituciones y servicios a la comunidad y gobiernos, que estamos recibiendo los servicios de parte de gente calificada y certificada.

Pero al punto que quiero llevarte es que, el solo conocimiento y títulos no desarrollan al sabio. Una sabio es aquel que se forma con el tiempo en los procesos de vida y en lo ordinario de cada momento con paciencia y con actitudes inclinadas al positivismo. Con esperanza y confianza en lo aprendido, con suficiente humildad para pedir ayuda cada vez que hay un tropiezo o se desconoce sobre lo que se presenta como oportunidad. No se puede despreciar el conocimiento, pero es bueno saber que siempre hay espacio para más, para conocer todo lo que se necesita de camino a su meta.

Muchas veces, luego de pasar por años de pausas y tropiezos, de luchas y hasta pérdida de tiempo, es fácil y muy cómodo, pensar que jamás llegará un mejor puerto. La mayor y más fuerte lucha es con nuestro propio ego. Nuestros pensamientos de derrota y campaña de sabotaje hacia nuestros propios sueños y deseos, son la plataforma ideal para aceptar las críticas y desalientos de los otros. De acuerdo a como nos expresemos y actuemos, será la apertura que le otorgaremos a los otros, convirtiéndolos casi en dueños de nuestras vidas y dándole parcial o total autoridad para, no solo opinar sobre nuestras decisiones, sino permitirles sembrar en nuestra mente pensamientos de derrota, incertidumbre, duda, descalificación y desaliento. Es de sabios escuchar lo que otros piensan, sobre algo en particular que nos interese, pero es de primordial importancia, saber reconocer de quien escuchamos la información.

No es por respeto o por cortesía, que debemos permitir la siembra de sistemas de creencias que producen estancamiento, prejuicios, o desasosiego. Esto sin importar de quien viene, primo, tío, abuelo, madre, padre, amigo u otros. Nuestro norte debe ser siempre uno dirigido a la restauración, perdón y restitución. Siempre orientados al futuro esperanzador que cada individuo tiene derecho a disfrutar.

Las oportunidades y decisiones del presente, son las que validarán nuestro futuro. Estas deberán ser tomadas libres de prejuicios y motivadas por la esperanza hacia metas, y sueños que serán avivados, por el amor a la propia vida y por ende, a los demás que nos rodean. Ahora bien, *¿Cómo amarnos después de tantos errores y malas decisiones, preguntan algunos? ¿Cómo ser protagonistas de una época exitosa? ¿Cómo saber qué dirección tomar? ¿Cómo seleccionar sistemas de creencias que te conducirán al cumplimiento de metas?* Quiero compartir una poderosa promesa que de seguro hará vivificar tu espíritu, y esto mi querido amigo viene de parte del cielo para ti hoy. *¡Si!* Hoy es el día, que el Señor ordenó en sus planes para que recibieras esta bendición.

"Te haré entender, y te enseñaré el camino en que debes andar; sobre ti fijaré mis ojos" (Salmos: 32:8)

Es decir, lo prometido es darte esa sabiduría, ese entendimiento divino, el cual te lleva al cumplimiento de la promesa pautada para tu vida. Un conocimiento que excede los límites del mundo natural. De tal manera, que verás más allá de lo que tienes de frente en este momento. Podrás entender como las finanzas están ordenadas por fe, cómo tu familia y relaciones se ordenan por fe, entenderás que eres libre de toda atadura y hasta de la cárcel si es el caso, todo solamente por fe. Podrás comprender cómo tu empresa se forma por fe, tu salud es recuperada también mediante la fe, verás cómo tu vientre materno se prepara para concebir por fe, en fin, podrás entender lo que por vista es inexplicable. Además de saber sobre donde debes pisar con firmeza, *¡qué seguridad tan poderosa la que nos es otorgada por su* *gracia y amor!* El nos enseña cómo hacer lo que Él entiende que es lo mejor en cada tiempo. *¡El nos enseña nuevas conexiones, nuevos retos, sueños, relaciones, formas, actitudes y oportunidades!*

Él mismo promete enseñarnos a vivir bajo otro sistema de creencias, uno que te lleva al cumplimiento de la promesa; así opera el reino de los cielos. Él es el camino y sin Él nada podremos hacer, por ende, el sistema de creencias anterior tendrá que ser vaciado, para poder ser lleno de todo lo nuevo de parte de Él. Alineando todo a su voluntad que siempre es buena, agradable y perfecta. Restituyendo todo lo que se perdió o fue arrebatado y creando un nuevo tiempo. Todo lo prometido se cumplirá porque su fidelidad es por siempre.

Los ojos de muchos estarán sobre ti, pero lo que verán, jamás será lo que antes vieron. Yo te aseguro, que muchos no podrán entender lo que ahora serás. Tu creatividad, agilidad, carisma, sabiduría, recursos, disposición, salud, actitudes, gozo, restitución y todo a tu favor, será la mejor carta de presentación en este mundo natural sobre lo que es ser un hijo del reino, viviendo bajo la cobertura del Rey, y multiplicándose en terreno fértil que antes fue árido.

Es tiempo de *"escuchar la voz de Jehová atentamente y él te exaltará sobre todas las naciones" (Deuteronomio 28:1).* Cierra tus oídos al mundo natural y presta atención al que mueve los tiempos, y conoce todos los términos. Todos los que se atrevieron a levantarse contra ti, saldrán por donde entraron. No podrán hacerte daño. *"Él se encargará de tus enemigos, de los que te lastimaron. Ahora, al ceder tus derechos a Él, todo será diferente, para la gloria de Él." (Deuteronomio 28:7)*

Él se encargará de enviarte bendiciones sobre todo lo que pongas en tu mano y bendecirá la tierra que te otorgue.

(Deuteronomio 28) No tienes que correr detrás de lo que deseas, ni tienes que dudar de tu tierra, de lo que te ha dado. Será bendecido por él en todo.

(Deuteronomio 28:11) "Te hará sobreabundar en bienes; "Llegó el tiempo de prestar y no pedir más prestado"

(Deuteronomio 28:13) "El te pondrá por cabeza, y no cola, estarás por encima y no por debajo"

Esa lucha por competir, tener temor a quedar fuera, o debajo será cosa del pasado Esto es solo por el favor y gracia de Dios. Termino dejándote saber que *"todo es para ti hoy, si no te apartas de ir a otros dioses y le sirves a ellos, todo será hecho por fe."* (*Deuteronomio 28:*14)

Recuerda, todo lo que mueve la promesa de Dios es la fe. Los procesos seguirán llegando a nuestras vidas, y el discernimiento divino con ellos, aún en el peor de los escenarios. No vivimos por vista, solo por fe creyendo que somos sus amados, elegidos y separados por Él para ser bendecidos y bendecir a otros.

La mies es mucha y pocos los obreros listos y ordenados para llevar estas verdades tan poderosas, que liberan al cautivo y revelan lo mejor de Cristo en esta tierra. Eres llamado a ser sabio y a alejarte de tu propia prudencia. Su sabiduría te llevará a puerto seguro y te posicionará en lugares jamás imaginados. Ten presente que no faltarán quienes duden de tus pasos de fe. No entenderán lo que ves por fe, tampoco aprobarán tus ideas llenas de sabiduría divina. Tu rol no es llevarlos a entender lo que disfrutas ahora. Te tomó tiempo soltar tu vida para entrar en un proceso de renovación por el Espíritu Santo, para así poder entender la voluntad buena del Padre hacia tu vida. No lo enjuicies, ni pierdas tu objetivo por ellos. Mantente firme creyendo en el que sabe cómo y cuándo alcanzar al incrédulo, retraído, y hasta al orgulloso, que como tú y yo, un día cerramos nuestros oídos y nos hicimos los sabios, en nuestra propia prudencia.

Él por ser Soberano, es la única opción que nos hacer entrar al área de la victoria. Es la ideal alternativa. No es fácil recibir rechazos y ser criticado o juzgado. A nadie le gusta sentirse abandonado en medio del camino. Recuerda que Él pondrá una mesa bien servida delante de todos y verán la justicia de Él sobre ti y tu casa. Solo la fe te conectará con todo el conocimiento y revelación divina, que Él desea que recibas.

El sabio edifica su casa y su vida sobre la Roca. La construcción sólida la disfrutarán los moradores y la verán y heredarán las próximas generaciones. Los vientos fuertes de aflicción, enfermedad, luto, carencia de bienes, no serán motivo para abandonar la fe impartida. De la boca de esos moradores, sólo saldrá la vida de Cristo impartida. Tu primera casa debe ser tu mundo interior, lleno de la presencia del Auxiliador. El Espíritu Santo morando en ti.

La próxima casa es la familia que se te entregó para bendecir, y la tercera casa, las naciones. No olvides el orden. La vida de Cristo que un día recibiste, jamás será destituida. Aún cuando pienses que no eres merecedor de su presencia, paciencia, misericordia y amor, él prometió no dejarte ni desampararte. Su mente se irá formando en ti. ¿Crees eso?

Él sabe que has tratado todo

Siempre llegarán pensamientos que querrán desanimarte, hacerte pensar que nadie es merecedor de tu compañía, que no debes confiar otra vez, además surgen deseos de vengarte de quienes crees te dejaron caer. Sin darnos cuenta, marcamos límites y levantamos fortalezas mentales, para defendernos del dolor o de otro ataque a nuestro reino natural, que es nuestro ego, el yo autosuficiente. ¡Cuidado con eso!

Por eso dice en *Hebreos13:16, "no te canses de hacer el bien y de la ayuda mutua, porque de tales sacrificios se agrada Dios."* Hacer el bien bajo presión, estrés o problemas. Hacer el bien al que no se merece nuestro tiempo o esfuerzo, al que no se acordó de ti, cuando más le necesitabas y hacer el bien a la familia ingrata, es indicativo que tu hombre interior comienza a ser quebrantado por el poder de la palabra.

Ayuda mutua

Recuerda, que no eres una isla, hay otra gente alineada por el reino andando por ahí, únicamente para bendecirte. No temas trabajar en equipo, nadie te quitará lo tuyo. No asocies tu presente con tu pasado de pérdidas. Es mejor dos que uno. Sin orgullo, contiendas, pleitos, buscando el bienestar de los otros siempre. Se sabio, deja que el Espíritu fluya y te muestre nuevos vínculos personales. Busca la paz y síguela en cada etapa de tu vida.

Sabiduría de vida

Todos hemos experimentado en algún momento, cómo la incertidumbre nos confunde y nos lleva a pensar que posiblemente, tomaremos la decisión equivocada, menos acertada que nos retrasará el proceso, o la meta. Pensamos que esa inseguridad nos llevará al escarnio público, y que otros de alguna manera nos reprobarán. Pensamos en base a lo que creemos que otros pudieran avalar, pensamos que tenemos que seguir alienados a la conformidad de ellos. Con esas actitudes pasamos por alto, que los otros como la familia, amigos, gente cercana, han tenido sus oportunidades y reveses en la vida que nos evidencian, cuán vulnerables somos todos, ante circunstancias complicadas, los desafíos, infortunios y retos ante la vida. Algunos son o serán más acertados, todo dependerá de las redes de apoyo y de la interpretación que le den a los acontecimientos o de cómo asimile los cambios o desafíos y cuán consistente sea en las metas y las estrategias que identificó para mantenerse enfocado en objetivo.

Redes de apoyo: Son los padres de familia, pastores, maestros, que con palabras de ánimo y/o consejo son los que transforman la desesperanza en un proceso de avance, sin dejar de amonestar con amor, respeto y de ser necesario, represión. Son esos amigos que desean ser parte de tu círculo, sin imponer sus ideales, dando ánimo, y brindando su compañía, la que es muy apreciada luego de una crisis. Durante la crisis, nada parece tener sentido, ni parece ser agradable.

Las interpretaciones: Serán basadas en lo que viviste, y aprendiste a confiar, en aquellos que te dijeron, en lo que se estableció desde la niñez como fortalezas, en lo que ves de frente y en lo que piensas que mereces (en base a tus fortalezas, miedos, complejos, condena, rechazo, aprobación, redención).

Adaptación: *Es un proceso de asimilar o de rechazar las nuevas propuestas de vida que se te presentan.*

Los cambios llegan cargados de incertidumbre y en ocasiones no entendemos el por qué de ellos. Son esos improvistos que nos llevan a tener que acomodarnos a otra realidad, la cual desconocemos y causa sentimientos de tristeza y pérdida de esperanzas. Son situaciones en las que tienes que dejar tu casa, tu carro, tus pertenencias, cosas a las que te aferraste por mucho o por poco tiempo, no hay diferencia en eso, lo contradictorio es que pensaste que aquello, era de tu propiedad, o por lo menos así lo pensaste. Algo similar sucede cuando en un cuarto de un hospital tienes que despedirte de tu pareja y ver como la vela de la vida se va apagando o por el contrario, cuando eres tú el que te vas apagando por alguna enfermedad. O puede ser que hayas experimentado el dolor de ver a un hijo que sufre por la separación de la relación matrimonial, que terminó en divorcio.

¡Qué difícil es llegar a la casa y no ver a los que estaban antes! No es fácil asimilar que quien era tu pareja ahora duerme con otra persona con la que se ve feliz, por lo menos es lo que aparenta en las redes sociales y a pesar de eso que ves, sigues pensando y viviendo una realidad que jamás hubieras imaginado. Que embarazoso es por las razones que sean, no poder tener la preparación que tanto deseaste. Que dificultoso debe ser tener que dejar a los hijos en otro país con una familia desconocida, sea por razones económicas, enfermedad, asuntos migratorios, o tener que acomodarnos bajo circunstancias paupérrimas, cosas en las que jamás imaginamos estar. Podríamos mencionar tantas situaciones a las que los de repente de la vida nos empujan sin aparente remedio.

Mientras escribo, recuerdo cómo la vida me empujó a pasar por los "de repente" que "otorga" la vida, que me empujaron a enfrentar fuertes desafíos.

La escasez después de la abundancia, de tener un techo seguro a tener que buscar donde vivir, de tener todo, a no tener nada. Vivir por seis meses de la venta de cosas que me quedaban. Pero también recuerdo claramente, cómo el círculo de personas, aunque pocos, fueron los que estuvieron para ayudarme y tratarme con amor, respeto y compasión. No sentí juicio ni condenación, ahora veo que fui llena de amor. Ahora sé que todo fue ordenado por Dios, para bendecirme, aún cuando fueron mis decisiones las que me llevaron a ciertas circunstancias. Decidí casarme, saltando pasos, desafiando lo que se me había enseñado, justificando mis deseos por encima de lo que ya se había establecido para mí.

En mi caso, el yugo desigual, pareja y familia, costumbres, ideales, prioridades, visión de la vida, creencias, estatus social, una diferencia de edad de casi 10 años, todo caía en renglón desigual. Claro, al principio todo parecía un cuento de princesa, pero con el tiempo, los puntos de desigualdad aparecieron y atropellaron cada área de nuestras vidas. Viví momentos muy difíciles, de los cuales asimilé grandes lecciones de vida, procesos de los cuales aprendí madurez por parte de mi Padre Celestial. Él me dio amor y valentía, regeneró mi mente para poder pensar como Él piensa, y poder escribir con autoridad estas experiencias, para poner en tus manos este libro lleno de vivencias e instrucciones divinas, que te aportarán en tus momentos difíciles, una visión clara para el futuro que Él desea para ti y tu familia.

No fuimos llamados a Sentir, sino a Creer

En la crisis solemos enfocarnos en dos direcciones. La primera es, buscar apoyo y solidaridad en personas calificadas por la preparación o el testimonio de experiencias vividas.

En segundo lugar, nos enfocamos en pedirle a Dios que nos ayude en el problema y haga justicia en nosotros. El punto es que muchas veces no se siente nada, ni se ve nada y menos una salida. No hay cambios, pero si mucho camino por recorrer. Entonces, ¿qué es lo próximo? Tiempos de incertidumbre. En el próximo capítulo, abordaré el tema pero por el momento te adelanto, que la salida de tu temporada difícil ya está en la agenda de Dios. Te tengo noticias, todo será en tiempo real, nada ilusorio, motivacional, aparente o artificial, son verdades establecidas para este tiempo y para el futuro.

Ahora bien, volviendo a las dos direcciones o enfoques en la crisis, la segunda, aunque pareciera la más apropiada, es sólo un esfuerzo nuestro en hacerle ver al Padre lo que debe ser, cuándo y cómo, y nuestra disposición a ayudar en lo que sea necesario, aún en lo que no se nos ha autorizado. Es decir, es un enfoque en el ahora, en lo que veo, entiendo y deseo que sea inmediatamente. Yo he pedido así, y sé lo desesperante de ciertas situaciones. Pero por más que llores, pidas y hagas, debes recordar, que Él es el Rey Soberano. Es Eterno, Justo y su amor inmutable, sus promesas para siempre, y todo es de Él y para Él.

No se trata de ti o de mí. Todo será en base a lo estipulado por Él desde el principio, para la gloria y honra del Padre. Sus movimientos y pautas, son basados en cómo opera su reino y los reglamentos del mismo. *¿Entonces, y dónde quedamos nosotros?* Estamos en sus planes, Él nos tiene esculpidos en la palma de sus manos y tenemos los privilegios de hijos del Rey, pues nos hizo coherederos en Cristo, reyes y sacerdotes. Nos otorgó talentos y dones para que bajo su gloria, conquistemos almas, territorios, vidas, no por medio de los ángeles, sino de nosotros sus escogidos, santos y separados por Él. *¡Esos somos nosotros!*

He aprendido que en lugar de pedir que me quite el problema, le pido me dé la fortaleza y sabiduría que Él mismo estableció en sus promesas, las cuales son un sí y un amén.

Es tiempo de declarar que sólo Él es nuestro Señor, que sólo Él es nuestra fortaleza, roca y castillo fuerte en quien debemos confiar. Es tiempo de declarar que Él renovará nuestras fuerzas para caminar sin cansarnos y multiplicará la sabiduría en nosotros. Entonces, *¿sentiremos algo?* No necesariamente, pero creyéndole solamente a Él viviremos en completa paz. Cuando Él lo determine, nos manifestará de una u otra forma, lo reservado para nosotros. En su tiempo nos devolverá todo lo que es nuestro y toda la gloria y la honra serán para Él.

Las redes de apoyo estarán para bendecirte y levantar tus brazos cuando estén cansados. Serán escogidos, seleccionados, para esa comisión. No dudes que Dios siempre tiene personas que vendrán a tu auxilio para ayudarte. Recuerda los 400 hombres que llegaron a apoyar a David a la cueva de Adulán, según *1 Samuel 22*, estaban conformados por los afligidos, endeudados y amargados de espíritu. Fueron a buscar refugio a la cueva donde estaba David, y todos salieron bendecidos, incluso el propio David, por eso no subestimes ni des paso al prejuicio, pues llegarán algunos visiblemente no "calificados" para ministrar tu alma en amor, perdón, paz y que desean la sincera restauración de tu vida y de tu familia. Recíbelos como parte de la Soberanía de Dios.

En la cueva Adulan de este siglo XXI, hay muchos procesados que han sido restaurados, restituidos y bendecidos. Todos somos iguales ante los ojos del Señor, la única diferencia es que pasamos distintos procesos, pero no te aflijas todos somos personas imperfectas, pero con un corazón sensible para recibir la transformación de Dios, y ser bendecidos con toda bendición espiritual, a pesar de que las circunstancias de la vida muestren lo contrario, nuestro caminar debe basarse en lo que creemos y no en lo que vemos.

En ocasiones, nuestra mentalidad sugiere que solos podemos manejar "en solitario" nuestras vidas, pero el Padre nos llama a creer, sujetarnos y confiar en Él sin temor. Recuerda que los amargados con deseos de venganza y llenos de incredulidad, son los rebeldes a quienes es saludable mantener al margen pues sus palabras alimentan los deseos de la carne y no buscan el refugio ni la paz que hay en Cristo. Mejor rodéate con los dolidos pero que elevan sus corazones en ofrenda, en sacrificio vivo agradable a Dios. Con ese tipo de personas elevarás tus peticiones al trono de la gracia, esperando pacientemente el silbo apacible del Señor moviéndose en tu vida, y llevándote por el sendero de la armonía, esa es la paz que proviene de Él. Ten presente que ese tipo de personas no son dados a recibir terapias de ningún especialista, sin embargo, cuando Jesús toca a sus corazones, ellos y nosotros experimentamos el poder y la misericordia de Dios. No olvidemos lo que escribió el apóstol Pablo: *"¿Cómo, pues, invocarán a aquel en el cual no ha creído? ¿Y cómo oirán sin haber quien les predique, o les hable? (Romanos 10:14)* Ese es nuestro reto: Informarles que aún hay esperanza.

Nunca estarás solo, ni te faltará nada

"Porque Jehová dará la sabiduría, y de su boca viene el conocimiento y la inteligencia" (Proverbios 2:6).

Si tus pensamientos están cargados de dolor desalineados por la transición que estás viviendo, *"Pide la sabiduría, y te la dará abundantemente y sin reproches, la da a todos sus hijos." (Santiago 1:5)*

"No entres en dilemas contigo mismo, de porqué o cómo sucedió, no es de sabios preguntar." (Eclesiastés 7:10)

Camina con gente que conoce la palabra de Dios y que vive en paz con los de afuera aún en medio del dolor, *"lo que vayas a decir piénsalo y mira de qué forma impacta tu vida y la de otros." (Colosenses 4:5-6)*

No tengas problema en buscar la dirección divina una y otra vez, no creas que no eres merecedor de su gracia por los errores que manifestaste en un momento dado ante el dolor, deshonra, desprecio o injusticia, recuerda que somos seres humanos. *"Él nos colma de promesas y las cumple"*, porque *"el que me haya, hallará la vida, y alcanzará el favor de Jehová" (Proverbios 8:35)*

Eso es lo que necesitamos en la crisis, la vida y el favor de Él manifestada en nosotros, lo cual dará como resultado nuevos tiempos alineados a Él, nuevas puertas y alternativas se abrirán, visitaciones y sueños serán despertados, cerrojos caerán, la salud física y emocional serán restablecidas en el tiempo perfecto de Él, y la manifestación de sus milagros puede ser ahora, en esta vida. Pero de que seremos llenos de Él es una realidad porque es promesa. Recibo que virtud sale de Él hacia ti hoy mismo, ¿lo crees? ¿lo recibes?, declara sus promesas y recibe tu parte, eres bendecido en su poderoso Nombre. En el caos, Dios se manifiesta y sobreabunda su gracia. *¡Hoy es tu día!* Recibe en tu espíritu esta verdad tan divina y poderosa. Eres Bendecido por el Dios que hace posible, lo que para nosotros imposible.

Capítulo 7
DIVINAS
"OPORTUNIDADES"

Cada etapa y asignación de vida tiene propósitos que muchas veces no lograremos comprender. Con el paso de los años, surgen situaciones que dejan marcas de dolor, frustración, resentimientos y sed de venganza. Es cierto, yo estuve allí. Hay situaciones que fueron injustas, hay personas que no llegaron para quedarse, hay dinero y propiedades que nos fueron quitadas, pero de todo lo mencionado y lo que dejo de mencionar, te puedo garantizar, que nada te podrá dar lo que Cristo tiene reservado para cada uno de sus hijos. Estuvo y está en el mismo lugar, a la diestra del Padre con muestras de amor y cobertura constante hacia nosotros. Y a pesar de nuestras debilidades de carácter, incredulidad e inestabilidad emocional, él es fiel y sus promesas en él, son un sí y un amén.

La manera de otros ver la vida del doliente, en una etapa de abatimiento en ocasiones causa decepción, y es muy probable que esté cargada de prejuicios porque nadie excepto quien lo está soportando, conoce lo difícil del asunto.

No podemos restar importancia a las circunstancias que son respuestas a nuestras decisiones, y que en algún momento fueron impulsadas por nuestras emociones. Decisiones almáticas en las que reinó la pasión natural por alguien, o un impulso en el cual no tomamos en cuenta la lógica.

Vale recordar que jamás se deben tomar decisiones bajo presión, coacción, impulso, tampoco bajo desórdenes emocionales, depresión o después de grandes pérdidas. Es recomendable pasar por un proceso de sanidad interior después de la situación que nos paralizó por algún tiempo, para así poder estar conscientes de lo que tenemos que hacer ante dicha situación. Es probable que si estás pasando por un momento difícil, quieras reaccionar rápido.

No es fácil pensar de otra manera, pues hemos sido enseñados que el que más rápido tiene la respuesta es quien llevará la delantera o ventaja en cualquier asunto. Eso no es asertivo. El primer punto de referencia aunque no sepamos cómo pedir, debe ser: *"Entregar cada pensamiento a Jesucristo durante el desorden o tribulación"*. Si aceptas la guía del espíritu en medio del conflicto, eso será más que suficiente para que él, ordene todo y ponga las cosas en el contexto correcto.

¿En cuánto tiempo y qué cosas removerá o añadirá? ¿A quiénes traerá de regreso y quiénes no regresarán a nuestra vida? Eso no lo sabremos hasta que Él decida revelar sus planes a los involucrados en los conflictos cuyo único objetivo es bendecir, restaurar, ordenar, depositar lo nuevo, traer dirección y establecerte en un lugar seguro.

Es prudente procesar la información, esperar, indagar alternativas, y buscar la ayuda necesaria. En los centros de apoyo social que selecciones para buscar ayuda en los momento difíciles, están las personas en las que debes confiar y sentirte cómodo hablando. Recuerda que ellos están para apoyarte, no para tomar decisiones por ti. Serán profesionales con experiencia que no tienen agendas escondidas en tu tratamiento y que sobre todo, no esperan nada a cambio. Solamente desean tu pronta recuperación para que te incorpores en completa paz, a tu nueva vida.

Generalmente, son personas que por tener a Jesús en su corazón, irradian la paz y confianza que tú necesitas. Te enseñarán que aunque no se vea nada en el camino, las bendiciones van a llegar a ti. Son personas que avanzan por la fe en la manifestación de Dios sobre ellos. No son perfectos, pero son santos, escogidos, separados, ungidos y llenos de la gloria del Señor.

Ese es el tipo de personas que debemos tener en nuestro listado de amigos, como contactos y aliados. Esos son los bendecidos, listos para bendecirte con sus abrazos y frases llenas de fe, gestos y actitudes de amor, paz y misericordia, algo que sólo fluye en aquellos que llevan una relación con Dios. El fruto del espíritu permanece fluyendo en ellos y bendiciendo tu vida.

Buscando Oportunidades

El ser humano siempre busca tener oportunidades que lo acerquen al éxito, que le inspiren o motiven a seguir hacia adelante, tener oportunidades que de una forma u otra le sirvan de plataforma para ser reconocidos e identificados por los demás, como escogidos entre muchos para triunfar o sobresalir en algo. Ahora bien, *¿Por qué solo algunos entran en el sendero de las oportunidades? ¿Cómo reconocer las oportunidades?*

De acuerdo al banco de referencias que tengamos activo de cada época de vida. y conforme a la interpretación que se le den a los eventos, cada cual tomará la decisión de tomar la oportunidad y entrar en nuevos desafíos, o rechazar la oportunidad y cerrarse a las opciones que se le presentan, interpretándolas como riesgos innecesarios o desafíos con poca o ninguna posibilidad de salir victoriosos. Las referencias establecidas sobre la negatividad o derrota, cancelarán toda posibilidad u oportunidad que se presenta.

Las referencias de lucha, esperanza, positivismo, perdón, restauración y confianza en otros, son la plataforma para querer levantarse y seguir adelante. Esto se logra dejando atrás el pasado, reconociendo que cada etapa de la vida, vendrá equipada de todo lo necesario para llegar a la meta.

Con una nueva mente que será llena de todo lo ordenado por Dios para nuestras vidas, eso sucederá si le dejas fluir en tu ser con *poder* y *autoridad*.

Poder *implica, esa fuerza, iniciativa y creatividad que antes no hubieras exhibido en tu vida.* Es declarar en el nombre de Jesús que *sí se puede hacer*. Es confiar sin temor por lo que ves a tu alrededor, sin miedo a la opinión de otros. Es no dudar que *sí es posible* llegar a la meta propuesta. Eso es poder.

Autoridad *significa, que ahora reconoces tu verdadera identidad como hijo del Rey, y sabes que lo que cargas dentro de ti es más fuerte que lo que se manifiesta en tu entorno, en el mundo natural.* Ahora crees en la autoridad delegada del Rey, para que gobiernes tu casa, empresa, relaciones, finanzas, tu área, con poder y autoridad.

Ahora bien, *¿Por qué no fue así, siendo un hombre o mujer de Dios?* La respuesta exacta y perfecta, sólo te la podría dar nuestro Padre, pero sí te puedo dejar saber que tus pausas, tragedias, interrupciones y luchas, nunca han sido algo oculto o desconocido para nuestro Padre que siempre ha sido bueno, y que su intención es llevarte a cumplir su propósito. Él tiene planes contigo desde siempre y hará lo necesario en el tiempo perfecto, para que se cumpla lo que Él ya estableció desde la eternidad.

Puede ser que muchas veces hayas oído hablar de Dios y de oídas le conocías, pero en una pausa de tu vida, tus ojos le vieron y ahora le amas como nunca. Así le sucedió a un hombre justo llamado Job. Toda su vida le había servido, honrado y vivía agradecido de Dios. De hecho, él y toda su familia eran bendecidos. Cuando llegó el tiempo de dolor y de angustias, pasó por etapas de crecimiento y conocimiento en el que "de oídas" le había conocido.

Dios le abrió sus ojos y pudo expresar: *"Ahora mis ojos te ven..."* *(Job 42:5). ¡Wow!* Un tremendo detalle amigos, la biblia relata que Job aún en medio de una dificultad tremenda, habló lo correcto. Ahora bien, sus "buenos amigos", con actitud de verdugos, no hablaban nada bueno de Job, solo hablaban para enjuiciarle y burlarse de su situación de salud. Sólo le causaban más aflicción a Job. Y dice la biblia que Jehová le dijo a uno de ellos llamado Elifaz, *"mi ira se encendió contra ti y tus dos compañeros, porque no habéis hablado de mi lo correcto"*, y le ordenó a Elifaz que fueran a donde Job y ofrecieran un holocausto por ellos, y añadió, *"Job orará por ustedes, intercederá y los perdonará"*. Dijo además, *¡a él escucharé! ¡Oh My God!,* Dios sabía la clase de medida y relación que tenía Job con Él. Quien enfermó fue Job, y Dios lo mandó a orar por los que estaban sanos.

Luego de esto, hubo sanidad para sus amigos y también para Job. Hubo liberación. Sobreabundó la paz. Y dice La biblia que Jehová quitó la aflicción de Job, *cuando oró por sus amigos* y como resultado de su proceder, duplicó todas las cosas que Satanás, con el permiso de Dios le había arrebatado a Job. Es decir, que Job tuvo que interceder por sus amigos que le afligieron tanto, para ser librado de la angustia. Todos necesitamos a veces pasar por un proceso parecido a ese. Pasar de conocerle de oídas a que nuestros ojos le vean (relación íntima).

¡Perdonar sí, pero olvidar... jamás! ¡Bendecir al que me dañó... primero muerto! Son respuestas muy conocidas entre nosotros, sin embargo, Job quien no le hizo nada a sus amigos, resistió con paciencia los dardos de fuego que ellos lanzaron sobre su vida por ignorancia, y luego Dios, quien a veces parece ilógico, le ordenó a Job que orara por los que lo maltrataban verbalmente y que trataron

de desacreditar su integridad, no obstante sobre todas las cosas Job guardó su corazón delante de su Creador. *(Proverbios 4:23)*.

Muchas veces nos abrimos demasiado al consejo de los hombres, buscamos la afirmación y confirmación de otros y como resultado, recibimos en ocasiones consejos viciados de orgullo, egoísmo y carnalidad. Olvidamos que nuestro refugio y referencia que nunca falla, se mantiene actualizado en todos los detalles de nuestro diario vivir, ese es nuestro Dios Soberano. Las oportunidades divinas que tienen la firma del Rey, llegarán al tiempo señalado por Él.

Cuando aceptas sus tiempos, afirmas al mundo y al Todopoderoso que todo lo que te acontezca, es parte de una plataforma que te está preparando para recibir la restitución que Él ha reservado para sus hijos. Ese tiempo de transformación y cambio de mente, nos prepara para recibir los nuevos desafíos después de las pérdidas, abandonos, bancarrotas y de todo lo que la vida te dejó junto al camino. Sin embargo, con la nueva mentalidad podrás verte en la vía de la victoria y ser vencedor frente a cualquier adversidad.

Tiempo de restitución

Muchas veces formamos una historia de dolor en la que los otros son los que nos hieren, destruyen nuestra vida, felicidad, y son los culpables. Pero no mencionamos la otra parte de la historia porque la bloqueamos y seguimos guardando dolor, angustia, resentimiento, odio, rencor y albergamos menosprecio con respecto a esa etapa de nuestra vida. Por lo general nos escudamos tras frases como: *"Yo no hice nada, no tengo la culpa, no puedo hacer nada, no soy nada"*. Sin embargo, el deseo de Dios es que seas lleno de todo, que tu corazón esté limpio porque quiere llenarlo de Él y llevarte a un tiempo de restitución, pero si no sueltas el pasado sistema de creencias, esas confesiones negativas, no podrás creer en lo nuevo, lucharás por justicia y creerás que eres y serás invisible en el mundo natural y en el espiritual. Sometido a ese estilo de vida, lleno de incredulidad pasarás de largo por el pasillo frente a la puerta rotulada que dice: *"RESTITUCIÓN"*.

Muchos piensan que restitución es ser compensado con todo lo que perdiste, y sí, pudiera ser que te sean restituidas las cosas que *ABBA* quiere darte, ya que de Él es todo y da a quien quiere y cuando quiere, pero Él quiere llevarte a donde nunca imaginaste y transportarte a una mentalidad que sólo su poder sobrenatural lo puede hacer. Eso se logra cuando le damos la primacía para que se forme en nosotros, y que nuestra vida mengüe para que El crezca y podamos decir con autoridad: *Ya no vivo yo, sino que Cristo vive en mí.* Es la forma como podemos tener discernimiento para lograr grandes cosas en Él, y tomar las mejores decisiones para ser la personas que todos miran como referencia e influencia, con poder y autoridad del cielo. Pero si por el contrario, persistimos en esos pensamientos de esclavos de las circunstancias, con una mentalidad sometida al reino de lo imposible, no tendremos la posibilidad de escuchar la voz de Dios.

Él siempre está llamando, el Rey quiere manifestarse a todos. Puede que seas hijo y no estés viviendo como hijo del Rey. Te invito a que te detengas allí donde estás y le pidas al Espíritu Santo, que te revele las áreas que necesitan ser entregadas en ofrenda y renuncia.

Deja que Él redarguya tus memorias y te muestre a los que fueron injustos, los que te robaron, humillaron, abandonaron, restaron, menospreciaron, mintieron, incumplieron promesas, te avergonzaron, blasfemaron contra ti o cualquier evento, *"ESPERA"*.

Porque te será revelado, pero no quedarás herido sino que serás sanado, y milagrosamente restituido.

Mientras escribo esto, el espíritu me trae memorias las cuales son para traer sanidad. *Si.* Y le doy gracias, porque sé que serás ministrado tanto, que exclamarás como Job y como yo hace tan sólo 8 años atrás: *"de oídas te había conocido, mas ahora mis ojos te ven"* te cuento que cuando tuve ese encuentro real, personal, con mi *Papá, Abba,* fue algo impresionante. Lloré, me tiré de rodillas y sentí una pasión que hasta el día de hoy es parte de mi vida. Fue esa conciencia de hija, libre de ataduras, temores, rencores y espíritu de venganza, que yo pensaba ya había superado, pero no había entregado algunas áreas sensibles al que realmente inunda con su amor restaurador. Tenía conocimiento desde pequeña de mi Salvador, entregué mi vida a Él a través del bautismo por inmersión desde los 8 años, como se enseña en la iglesia en la que crecí, y me fui preparando para ayudar a otros.

Muy bien Mayda, pero *¿Qué paso luego?* Bueno, tomé decisiones en mi juventud, que me llevaron a creer que tendría que pagar por mis errores el resto de mi vida, y por consecuencia, vivía con amargura en ciertas áreas y culpa por lo que no debió haber sucedido. No entendía que lo que Él hizo por mí, lo que me fue adjudicado, su gracia y su perdón, son más que suficiente en esta vida y la venidera. Entonces, lo que me faltaba era vivir como una hija bendecida por su Padre, amada y guardada por Él, para ser luz a las naciones. No por lo culta, preparada, comedida, respetuosa o cumplidora de la ley, sino por el favor inmerecido, que es su gracia sobre mí. Ese nuevo conocimiento entró en mi ser y recibí una conciencia de hija, santa, separada y única, creada por Él, con propósitos divinos.

Entendí que sólo Él me daría la guía, para llegar al cumplimiento de cada meta, no mía, sino la Él de sobre mí. Un giro radical. El ADN de su vida formándose en mí, y fluyendo ahora libremente para adorarle en espíritu y en verdad. En esa formación en la que continuamos cada día, mientras le contemplo y adoro, muchas veces me muestra áreas con las que está trabajando en mí, pero ya no hay culpa ni dolor, solo un *¡Gracias!* y lo exalto y bendigo su nombre. A más perdón y sanidad, más pasión por Él, los planes y designios de Él hacia mi vida y mi familia los puedo ver más claros. A más intimidad con Él, más me muestra personas y circunstancias por las que repentinamente quiero y debo interceder. Mis oraciones son más por otros, que por lo que desconozco de mi vida. Nada de esto nace de nosotros, es Él depositando un peso de mayor responsabilidad sobre ti y sobre mí.

Ahora bien, esto es sólo para sus hijos. Los que le han aceptado como su Salvador y le han creído por fe, que son justificados ante el Padre, por su hijo Jesucristo y que éste murió y resucitó y que ascendió a los cielos y que también regresará por nosotros, pero que no nos dejó solos, sino que nos dejó al Espíritu Santo para vivir en nosotros. *¿Entiendes?* Si no has recibido por fe al Cristo de la gloria, hoy es el mejor día, allí donde estás te invito a que le recibas como el Señor de vida. Es demasiado lo que hay desde ahora y hasta la eternidad para ti. Él está llamando como siempre a tu vida y dejándote saber, que todo estará bien. Que todo será resuelto y que *"Él cambiará tu lamento en baile" (Salmos 30:11)*. ¡Su presencia lo cambiará todo!

Lo que verán los demás será asombroso

Entonces si ya eres su hijo, Dios está en ti. Cada día eres bendecido con su presencia y a donde vayas, Él va contigo.

Ahora lo que hablas, es lleno de su sabiduría. Tus acciones y actitudes serán revestidas en Él. Tu territorio, será ensanchado. Tu familia, será reconocida por todos. Tus pasos, serán afirmados por Él. El temor será cancelado por el perfecto amor, que echa afuera el temor. Tus pensamientos serán alineados a los de Él. Tu cuerpo, será sometido a Él. Ya no te verás como antes, lucirás vestiduras reales en su presencia y serás lleno de vida, aún en medio de las crisis, tendrás nuevas fuerzas y tu proyección será inexplicable. Y todo cuanto tus pies pisen, será impactado por Él mediante tu persona. Nada será igual.

Recuerda, su gracia nos alcanza y nos cubre de todo lo que fue antes de recibirle y nos añade la bendición que trae alegría, gozo y paz. Pero el proceso de transformación es día a día, Él formándose en ti. Su presencia y mayor peso de gloria sobre nuestra vida, trae consigo asignaciones que demandan nuevos patrones de vida, disciplina y desafíos. Deja que todo sea saturado dentro de ti, para estar completo en Él. Todos notarán la diferencia, y tú también.

Alcanzando Metas

Ahora bien, *¿Cuál es tu meta? ¿Qué quieres alcanzar?* Es sumamente importante que los padres o cuidadores, les enseñemos a los hijos o a los que estén a cargo de nosotros, que necesitamos tener metas. A corto y largo plazo. Desde tener hábitos de estudios, pasar los cursos satisfactoriamente, desarrollar habilidades, crear y mantener vínculos con la familia inmediata y extendida, fomentar la socialización, y reconocer la discriminación o desigualdad como fronteras o barreras, que posiblemente nos lastimaron en la niñez o adolescencia y que por ende, no deseamos aplicar a otros como regla de oro.

Enseñar a ver las mejores opciones y tomar las mejores decisiones, implica ser un ejemplo constante. Es importante dejarles saber que en ocasiones como seres humanos nos equivocamos, pero que de esas decisiones aprendemos a levantarnos más fuertes y decididos a seguir hacia adelante.

En ocasiones pensamos que debemos aprender a ser más listos, a defendernos mejor y tener un plan de venganza para con los que nos hicieron daño, o nos sacaron del camino. Parte de lo que debemos aprender de cada interrupción o pausa en nuestras vidas, es cómo interpretas lo sucedido, de qué forma te hace mejor persona, cuánto impactará lo que estás viviendo a aquellos que amas, y cómo fluyes en los procesos de perdón.

¿Será que necesitas salir del camino de la amargura, víctima, culpabilidad, negación y moverte a nuevos horizontes más productivos, creyendo en lo bueno que es nuestro Señor que todo lo sabe y que en Él, no hay variación? Es de suma importancia creer por fe que siempre hay enseñanzas que nunca nos apartan de la meta. Que sólo tomaremos otras medidas, alternativas, recomendaciones con humildad, para reconocer que en ocasiones, nos precipitamos a tiempos u ocasiones no alineadas al corazón del Padre. Pero firmes y con la certeza de lo que se espera para nuestras vidas. Lo que Él dijo, se va a cumplir, pero a su tiempo y a su manera.

Necesitamos confiar en sus procesos que son en amor, nunca para destruirte. Es difícil confiar en Él cuando hemos sido maltratados por los que se supone que nos cuidarían. Mucho más difícil de confiar en una persona que no hemos visto, que solo nos lo presentaron de oídas, que no reconocemos su voz en el dolor y que no entendemos su soberanía.

Los que crecimos en un sistema de democracia, se nos hace difícil entender cómo opera el reino de Dios en la tierra. Su reino consiste en estatutos, privilegios, cobertura y su soberanía. Por su gracia somos llamados hijos de Dios, porque fuimos aceptos en el Amado Jesucristo. Eso sí es un privilegio.

El temor ante los nuevos tiempos o temporadas

Cuando guardamos en nuestros recuerdos las veces que se intentó un proyecto, negocio, relación, un cambio de carrera de residencia, de empleo, en fin, algo en lo que se invirtió tiempo, esfuerzo y dinero, pero que finalmente no dio buenos resultados, es casi automático que los niveles de frustración y la anticipación de adjudicar la derrota, infortunio o la "mala suerte", sea la norma. El temor nos paraliza y sorprende a todos ante lo desconocido. *¿Cómo lidiar con ese temor, cuando es justificado con las malas experiencias que se han vivido?*

Cada circunstancia debe ser evaluada de forma objetiva tomando en consideración, el aprendizaje y fortalezas adquiridas en ocasiones pasadas. Por tal razón, nada será igual. Lo único que nos limita es el temor que se almacena en nuestra mente y hace que nos detengamos y hasta abortemos las metas establecidas. El solo pensar en que seremos expuestos nuevamente a juicio, y que estarán pendientes para evaluar nuestras decisiones, causa gran temor, incertidumbre, desasosiego y una gran lucha en nuestro interior.

Otro factor que nos hace víctimas del temor, es el derecho que le otorgamos a otros para que manejen nuestras emociones, y hasta tomen decisiones por nosotros. Desafortunadamente, muchos fuimos enseñados a creer que es correcto el entregar el control de nuestros deseos y emociones, a todos los que de una forma u otra estuvieron conectados en los años de formación de nuestro carácter. Las mentes que no lograron "establecerse" durante la adolescencia, continúan así hasta ser adultos. Es de vital importancia comprender, *¡que usted no es dueño de su vida! ¿Cómo entonces entregamos tan fácilmente nuestras decisiones, sueños y deseos a otros?*

Al momento de tomar decisiones, debes recordar que el Padre y Dador de oportunidades, ha depositado en cada uno de nosotros la semilla de grandeza, poder, dominio, valentía, amor y autoridad. Si lo reconoces, pero no sientes nada, como dicen algunos, te puedo garantizar que lo que Él depositó está ahí, solo debe ser activado por la fe impartida, que está dentro de ti también. Una fe que debe ser expandida y llevada a niveles sobrenaturales, para poder ver lo que no se ve en el mundo natural.

Puede ser que lo que ahora estás viviendo, sea solo parte de algo que no podemos explicar, que no tiene sentido, que sólo ha causado pausas o interrupciones a los sueños que en un momento fueron depositados en ti, y que ahora, por la desesperanza y frustración ves sepultados. Ahora bien, recuerda que eres bendecido por *"DESIGNIO DIVINO"*. Aunque no lo sientas, no por eso deja de ser real, atesora *Efesios 1:3* y cree lo que el espíritu impulse y active para llevarte a tu posición original de un bendecido y amado hijo de Dios.

Para tales efectos, deberás dejar a un lado tus emociones y deseos de verle lógica a todo lo que te rodea. Entra en la dimensión del reino y vive por el discernimiento que Dios puso en ti. El espíritu te guiará y te moverá a nuevos niveles de paz, de plenitud en Él, de sobreabundancia, y sobre todo, podrás dar pasos de fe ante cada puerta que se presente.

También sabrás cómo alejarte de puertas que solo se abrieron porque las empujaste, o porque alguien las abrió. Esas oportunidades sólo tendrán un tiempo muy limitado, en comparación con las que se abren de parte del reino para nosotros. Esto solo para los que creen en esperar en el tiempo perfecto del Todopoderoso. Esto no significa que nuestro rol es de ser un mero espectador, por el contrario, debe ser uno muy activo, dando pasos de fe, haciendo lo que sabemos con la expectación de seguir pasando a niveles desconocidos, sólo bajo la guía del Espíritu.

En un momento dado, sentí la motivación sobrenatural de escribir este libro. Muchas personas me lo habían sugerido hacía mucho tiempo, pero no fue hasta ese día, ese tiempo especial, en el que fui movida a comenzar, algo de lo cual no tenia idea de cómo realizar. Pero comencé a hacerlo, pedí su total cobertura y luego, ¡bum! todo lo demás fue pura expectación. Sólo esperando lo que Él depositaba, para poder llevarlo por este medio a las personas seleccionadas para esta temporada. Eso es, *¡fe estirada!* y lo mismo puede suceder en cada aspecto de nuestras vidas. Desde que llega ese kairos del Señor (tiempo de Dios), tu mente comienza a tomar otras ideas, otras motivaciones, otra creatividad se apodera de ella, es Dios dejándose manifestar en tu presente. En mi caso, de repente comencé a escribir como si fuera una escritora experimentada, pensé en cada meta en cuanto al libro como algo dado por realizado, la motivación fue en aumento y la disciplina y organización llegaron para cubrir mis páginas. Mis horas dedicadas al mismo, y mí tiempo con ustedes por acá es un deleite. Todo por fe. Creyendo con convicción en el dador de las oportunidades y los nuevos tiempos. Pero el esfuerzo, y ser valiente, se activaron para que el sueño depositado, pero dormido por un tiempo, fuera activado y llevado a la materialización.

Las opciones que se presentan, las puertas que se abren, el favor inmerecido, son oportunidades que nos sorprenden en un momento dado, algo con lo que no se esperaba y por lo tanto, traen consigo esperanza, alegría y en algunos casos incertidumbre, pues no se sabe cómo transitar por ese nuevo sendero. Pero es una incertidumbre que trae consigo paz. Algo difícil de explicar, pero con la afirmación, que viene del cielo.

Si la semilla de incertidumbre se extiende en tu ser interior y te arropa con temor y ansiedad, huye. Eso no proviene del Padre de paz, de luz, de vida abundante y gozo inefable. Si las puertas se cierran, tranquilo (a) solo espera, y confía. Cree con fe, que Dios abrirá las puertas en el tiempo perfecto. A través de circunstancias, que de otra forma jamás hubieras pensado entrar por allí. Puede que sea con personas que serán puentes de transición para tu nueva época, puede que sea en medio de una crisis en la que de repente (gracia oportuna), veas lo que por mucho tiempo estuvo allí de frente y entonces ese día ves lo que antes no podías ver.

Día a día

Solo deleitándonos cada día en Dios, podremos estar atentos a los detalles y sorpresas divinas, que nuestro Padre tiene reservadas para bendecirnos. Mientras más le conocemos, más somos llenos de su amor y perdón que destila en nosotros. De esa manera nos volvemos más propensos a ver lo que no es como algo que ya fue realizado, y nos declaramos victoriosos en todo, haciéndonos personas más proactivas, y empáticas con todos a nuestro alrededor. Sin duda alguna, las relaciones serán beneficiadas. Relaciones de pareja, laborales, familiares, sociales, con todos tendremos más empatía y seremos más receptivos a las necesidades de otros.

Eso es algo que todos valoran y esperan de un hijo del Rey de reyes. Los ojos del mundo están sobre ti, para compararte y hasta juzgarte, pero también los ojos de Dios están sobre ti. El te sigue cada día llevándote a otros niveles, y depositando nuevas riquezas en gloria, en Cristo Jesús. No tienes nada que temer, lo que verán es al Cristo de la gloria reflejado en ti. Actuando en ti y ensanchando tu vida como nunca antes.

Lo que ves a tu alrededor es parte del cumplimiento

Cuanto más te acercas a los propósitos pautados por el Eterno, comenzarás a sentir un deseo y pasión por su presencia, y con ello un despertar en tu interior por conocerle más y dejarle saber a otros, lo maravilloso que es vivir en su gracia. Pero en el reino del mundo natural, se levantarán contra ti, pues hay una asignación de parte del engañador y es destruirte. *¿Cómo lo hace?* Atacando tu simiente y la fe que Dios te ha dado. Depositando argumentos del pasado, fortalezas que en el presente están siendo tratadas por el espíritu, que mora en nuestro interior, despojándote de lo que más amas para probar que sin el mundo y nuestra dependencia en nuestro yo no podemos subsistir. Atacando nuestra lógica, y usando nuestro mundo interior, para debilitarnos en la fe y haciendo sangrar las heridas del pasado. De repente llegarán ataques que no sabemos su origen o procedencia. Es artillería fuerte. Es el reino de las tinieblas, que aborrece los corazones que comienzan a ser transformados, para ser colmados de sueños y asignaciones divinas.

Tu semilla de grandeza amenaza los territorios del timador. Son familias que serán restauradas, son hombres que serán sanados y librados de la pornografía, para ser adoradores en espíritu y en verdad. Son mujeres amadoras de sí mismas, que serán transformadas en mujeres de influencia. Son adultos sin esperanza, siendo transformados en mentores llenos de sabiduría divina. Son líderes y empresarios, que serán puentes de bendición para ser de influencia a otros. Son niños traumatizados, que pasarán a encontrar paz en hogares bendecidos, con asignaciones divinas para testificar al mundo, acerca Cristo quien les amó primero.

Fuimos esclavos y ahora somos libres, e hijos del Rey por su gracia. Ahora la semilla que cargamos nos lleva a unos de repente, a tan grandes cosas que sin duda dejarán a muchos estupefactos, ¡*Wow!* que tremendo, ¡*Si!* es que así será, si lo crees levanta tus manos y adórale. En fin, el reino de oscuridad, engaño y dolor dirá presente en cada día de tu vida, pero no tienes nada de que temer, pues el que está en nosotros, es más poderoso que el de afuera. *Ningún arma forjada podrá prosperar contra nosotros los hijos de luz.*

Entrega tu mundo interior

Tu territorio puede ser invadido por el reino de las tinieblas, más no debe ser establecido en tu interior. Cada desafío en el mundo natural, nos empuja a tomar decisiones que afectarán nuestro mundo interior. Cuán importante es conocer la raíz de los desafíos. Si de tu matrimonio se trata, reconoce que es la institución de mayor fuerza en la sociedad. Bien cimentada será de puente y bendición para otros. Si de tus finanzas se trata, recuerda que lo que quiere el reino de oscuridad, es fomentar la carencia y falta de provisión, poniendo en tus oídos lo que los gobiernos, entidades y otros cimentados en lo que se ve, promueven para desalentar y hacerte perder la fe en el sustentador del universo. Recuerda que en tiempos de escasez, sus promesas deben ser traídas a nuestra memoria.

La provisión y cuidados que ha tenido para contigo y los tuyos, siempre. Recuerda a los hermanos en la fe del pasado, ancla tu corazón a las verdades del reino de la luz. Aprende a declarar victoria sobre tu casa, tus finanzas, relaciones, conflictos, enfermedad y sobre toda fuerza que quiera tomar autoridad sobre tu vida.

No descuides tu mundo interior. No te creas entendido en todo o sabio en tu propia prudencia. El que sabe lo que es mejor para cada momento, es sólo Dios. Necesitamos saber escucharle, reconocer sus movimientos en nuestro interior, vivir en la guía del espíritu, aferrados a lo que no vemos, pero que por fe creemos que será hecho. Todo en su divina voluntad en el tiempo perfecto. La manifestación y materialización de sus bondades son reservadas y liberadas para los que esperan pacientemente su buena voluntad, y serán cubiertos de paz en todo momento. Las reservas de milagros y favor serán depositados por su placer y soberanía por lo tanto, no te preocupes en querer ayudar a Dios en sus planes divinos. No entres en eso. Deléitate en Él, y sigue creyéndole aún cuando no veas lo que se supone, o crees que debe suceder. No dudes, ni cuestiones sus bondades para con otros. El hace como le place, a su manera. Sus planes sobre nuestras vidas no caducan. Tampoco retira lo que depositó en nuestro interior, dones, habilidades y talentos.

Ahora bien, recuerda a mayor peso de gloria sobre sus hijos, más demanda de acción y productividad a fin de que se manifieste su poder y El sea reconocido. Son muchos los que dicen estar listos, pero cerca del cumplimiento se derrumban, y reconocen la lógica y las emociones como sus reinos de autoridad. Es muy triste, pero es real. Es muy fácil decir, *"A mí no me pasa eso, yo seré fiel"*, *"Sabré que hacer"*.

Pero estar en el desierto con los gigantes, y montañas que hacen dar más desvíos de lo acostumbrado, es algo diferente. Ciertamente saldrás fortalecido, afirmado y bendecido, solo confía.

Cree en que, *"sus pensamientos no son nuestros pensamientos, y que nuestros caminos no son sus caminos" (Isaías 55:8),* solo Él sabe cuándo y cómo deben ser nuestros caminos y pensamientos. No te preocupes por los que no están, ni por los que no quieren estar, ni por lo que no tienes, ni como llegará lo que te falta. Preocúpate y ocúpate por *"deleitarte en Él, y las peticiones de tu corazón, te serán concedidas" (Salmos 37:4)*

Las oportunidades divinas demandan esfuerzo y valentía

Es muy natural que luego de los embates de una temporada de pérdidas, dolor, traición o enfermedad, haya poco o ningún ánimo de emprender un nuevo caminar. Lo que más se agota es el área del alma, el recuerdo de las perdidas, de las decisiones que se tomaron, los conflictos que de una forma u otra, se hacen sentir en el presente por sus consecuencias, la ausencia de las personas con las que se contaba y que ahora no están, desequilibran al más fuerte. Es de suma importancia que recuerdes *"que tu ayuda viene de Jehová de los ejércitos" (Salmos 46:7-11). El Dios de los ejércitos* implica un Dios que peleará por los suyos, Él sabe que habrá guerra pero Él te sorprenderá con su poder sobre ti.

"El reino de los cielos sufre violencia y los violentos lo conquistan por la fuerza." (Mateo11:12). Un mundo lleno de violencia, injusticias, maldad y desigualdad solamente los valientes lo arrebatan. Es decir, un hijo del rey tiene poder y autoridad delegada. Además, es revestido con la fe sobrenatural en tiempos de angustia, para discernir lo que es y lo que debe, o no debe ser.

Implica descansar en el Justo, Santo y Poderoso Rey de reyes y Señor de señores.

Conquista, implica el territorio asignado a cada hijo del Rey, y tiene un sello y juramento del Rey que le hace señor del territorio. Además, de un lugar cercado y custodiado por la guardia real. Por eso el hijo descansa en lo que el Rey ordena, declara la victoria y celebra como un conquistador y embajador del reino. Nada de lo asignado a tu vida te será arrebatado. Puede ser que algo sea removido, permitido por el Rey Soberano, no obstante, es solo con propósitos que no entendemos. Todo lo removido será devuelto de forma sobrenatural o inexplicable, y en ocasiones no lo reconoceremos, pero la restitución toma forma y se manifestará cuando el Todopoderoso entienda en su perfecta voluntad, que estamos listos para manejar los nuevos desafíos, y niveles de bendición pautados para cada período. Seremos vaciados de toda incredulidad, incertidumbre, resentimiento, avaricia, egoísmo, para hacer nuevos depósitos de amor, fe, esperanza, bondad, paz, mansedumbre, misericordia y todo lo necesario para establecer de forma sólida su reino en tu vida, casa y familia.

Oportunidades divinas

Las oportunidades que recibiste o dejaste ir por tus inseguridades. Los compromisos y relaciones que dejaste ir por tus temores. Los desafíos que solo fueron mencionados y nunca entraste en ellos. Los negocios que dejaste ir. Los planes de construcción. La compra de casa, o terrenos que solo trajeron ansiedad y desvelos. Es decir, nunca te viste como merecedor, por el contrario, te aferraste a la idea sembrada de ser un perdedor, un mal administrador, un soñador. Estas son solo algunas de las oportunidades que quedaron en el pasado. Pero las buenas noticias son que las divinas oportunidades no caducan y vienen en el tiempo oportuno, con las especificaciones y todos los gastos de proyectos cubiertos por Dios.

Nunca debemos subestimar el potencial y beneficios, que están estipulados para cada uno de los hijos herederos del Rey de reyes. Su poder y autoridad están a favor nuestro. Cabe destacar, que lo que nos detiene y causa intimidación es toda la información y falsas creencias que los otros tienen de nosotros, y lo que pensamos erróneamente de nuestras capacidades y potencial. Esto se debe a la falsa identidad a la que nos aferramos, a la ausencia de conciencia de paternidad divina. El hecho de haber tenido o no un padre protector, buen administrador y con liderazgo, no nos hace merecedores de nada, ni nos da la seguridad de alcanzar algo en la vida. La paternidad divina, es la que nos asegura la libertad y confianza que nada, ni nadie te puede dar.

La conciencia de ser hijos del Rey, es la que nos lleva a creer por fe en todo lo prometido, desde antes desde la eternidad para cada uno de nosotros. Y todo esto por su gracia, su favor sobre nosotros, porque así le place ser con sus hijos. Esto es difícil de entender, si fuimos enseñados por sistemas rigurosos y de religiosidad, métodos y sistemas que enseñan cómo necesitamos ganarnos las cosas en la vida, que necesitamos ser rectos y hasta perfectos, para poder alcanzar la misericordia y amor del Padre de todas las familias. Algo que por supuesto está muy lejos de la realidad divina, ya que su amor es incondicional, su gracia nos capacita y habilita para ser lo que Él quiere que seamos, a fin de tener vidas poderosas aquí y ahora en esta vida y la venidera.

Muchos tienen la falsa creencia, que vivir en pobreza y desgracia es sinónimo de verdaderos cristianos y que la bonanza y prosperidad, será en la próxima vida. Amigo, vive ahora como hijo del Rey en expectación por lo bueno, con lo agradable, con lo dispuesto y ordenado por Él, con las manos abiertas a todo lo que te otorga, con canastas para recoger lo enviado, con manos extendidas para bendecir a tu familia y a otros sin miedo a perder lo que tienes, sin miedo a la escasez. Sin miedo a recibir multiplicación por lo que siembras o cosechas. Lee *Deuteronomio 28* y deléitate en como Papá Dios te tiene reservadas bendiciones y abundancia en todos los aspectos de la vida. Eso sí, esto es para sus Hijos. Por eso mi pregunta en este momento es, *¿Le entregaste tu vida y dejaste de ser tú el manejador de todo, para ceder tus derechos al que se hizo hombre y murió por la humanidad en aquella cruz, y resucitó para darte vida eterna y con ella un nuevo ADN?* Entonces, si es así, relájate y descansa en Él, rechaza toda falsa identidad y asume tu postura de hijo. Vive, piensa y actúa como un bendecido.

Capítulo 8
PREPÁRATE
"PARA RECIBIR"

Cuando las personas se acostumbran a ciertos sistemas de creencias y reciben las buenas nuevas de tener un Padre, que se encarga de todo y que ya no tienen que vivir siendo últimos, pidiendo prestado, según *Deuteronomio 28:13,* tendrán la tendencia a evitar desafíos y a vivir bajo lo cómodo, con pocas o ninguna meta, sólo de lo necesario. Eso sigue siendo humanismo, obras hechas y controladas por esfuerzos humanos. De esa forma viven muchos y siempre los verás muy agotados emocionalmente. Nada es suficiente, nunca alcanzan ser lo que quisieran ser, recuerda que la carne es así, se alimenta de ser y hacer. No obstante, aquellos que viven en el espíritu, se gozan, se multiplican y se extienden a otros. Eres parte de un legado y estás programado para dejar huellas de valor incalculable en la vida. Con la capacidad de compartir con otros lo que recibiste por gracia.

Tiempo de desprogramación

Lo primordial ante el cambio que traerá todo lo nuevo de Dios sobre tu vida, es traer a tu mente la nueva realidad: *"NADA SERÁ IGUAL".* Personalmente lo repito frente al que sea, cuando se trata de insertar la duda o la incertidumbre, mezclada con la lógica que ofrece este mundo en el que vivimos, del cual recibimos constantemente información que afirma lo que podemos percibir por nuestros sentidos, es allí cuando necesitamos la desprogramación. Puede ser que ahora solo estés viendo el caos en tu familia, tu matrimonio, tus finanzas, tus negocios, tus planes, tu mundo interior, sin embargo, hoy es un buen día para recibir por fe un cambio de mentalidad. Lleno de convicción por lo nuevo que será depositado por Dios. Lo necesario para sacarte del lugar donde estás y llevarte a otra posición de respeto, honra y validación por el Rey de reyes, como lo dice *Efesios 4:23*. Nada será igual para el que cree que todo es posible. *"A esto yo le llamo desprogramación divina."*

Puede ser que lo que quieres resolver tenga un final diferente, pero te puedo asegurar que será mejor su plan y te traerá paz, aún en la pérdida, si la tuvieras que enfrentar.

Cuando Dios trae personas a tu vida confía y olvida lo que no pudo ser, o lo que debió ser, es decir, no pienses que tus oportunidades se acabaron en aquel momento. Nuestro Dios no vive aferrado a los tiempos, pero se mueve en ellos. Sus misericordias son nuevas cada día. Recuerdo que muchas veces pensé que una nueva relación, es decir un segundo matrimonio, una nueva oportunidad, era buena, pero dudé pensando que no me iría bien, es decir vivía con un sistema de creencias mezclado con un Dios castigador de pocas oportunidades, sumado al esfuerzo que tenía que poner en todo lo que hiciera y contando con la aprobación de los demás, aún sabiendo que los otros eran iguales que yo, pero que a su vez se proyectan como merecedores y yo era la excepción por ser ahora señalada como "divorciada". Tremendo problema que asumí y me permití cargar por un tiempo definido. ¿Absurdo verdad? Pero es lo que se vive cuando desconoces la Gracia y tus derechos legales como hijo del Rey. Pero viviendo bajo condenación. Afortunadamente, su gracia me libró de esa vida. Y como Job, puedo decir, *"De oídas le había conocido más ahora mis ojos le ven." (Job 42:5).*

Necesitarás un corazón nuevo

Libre para amar, para perdonar, para reír, y seguir viviendo después del dolor, rechazo, maltrato, engaño, decepción, abandono, enfermedad, cosas que te hacen sentir inmerecido o impuro. Pide un corazón nuevo para este nuevo tiempo.

Salmos 51:10 "Crea en mi un corazón nuevo y un espíritu recto dentro de mí". Es tiempo de dejar atrás toda culpa, rencor, resentimiento, odio, orgullo y recuerdos que te llevan solamente al estancamiento y aborto de planes poderosos, pautados para tu vida.

Recuerdo que por mucho tiempo me programaba para pensar en lo mucho que me habían hecho sufrir y que yo había perdonado, sin embargo, todo era una mentira. Recuerda que: *"engañoso es el corazón más que todas las cosas"*, y fue en el proceso de cambio de mente, que fui derribada al suelo, como cuando Pablo iba de camino a Damasco. Mis convicciones y deseos eran buenos, pero en mi interior había áreas que necesitaban ser removidas y yo las retenía con el fin de hacer justicia, o de ver cómo la pasarían mal los que en un momento de mi vida, me quitaron la paz y me robaron lo que yo creía me pertenecía por derecho. No fue hasta que en una temporada me pregunté: *¿Cómo si soy tan buena, hago, sirvo, obedezco a ritos y ordenanzas, me pasan cosas desagradables?* Yo pensaba con una mente religiosa. Empecé a conocer la diferencia entre **"Religión vs. Relación"**.

Recibí fortaleza, llegó la paz, llegaron nuevas relaciones, poderosas revelaciones y sobre ese fundamento viví nuevos desafíos y nuevas enseñanzas, que sólo él las puede procesar en su tiempo y con la sabiduría divina depositada en mí. Esto indica que una mente regenerada te llevará a trascender a lo inimaginable. En una relación con el Todopoderoso comenzarás a sentir seguridad, recibirás su dirección y tendrás un deseo fuerte de saber más y más de Él. Estando con Él, en esa relación que cada día será más fuerte, entrarás en la dimensión del mundo espiritual, lo sobrenatural. Verás tu mundo desde la perspectiva de lo que Él desea, y no lo que tú ves o deseas. Comenzarás a hablar diferente en el tiempo presente, ya que esa es la realidad de cómo opera el reino de Dios en la tierra.

Espera en calma

Todo lo bueno, agradable y perfecto de parte de Dios es para ti y viene para bendecirte. Recuerda no es ser valiente, ni tener fuerza para los problemas, es llegar a la verdad, la que te hace libre. Es de suma importancia sumergirnos en la plena confianza de sus cuidados, allí podrás ver como tus respuestas ante lo incierto, lo injusto, lo ilógico, lo doloroso, lo decepcionante, serán bañadas de su gracia y su fortaleza.

Tu percepción y pensamientos serán alineados en Él. Podrás hablar con autoridad, reír ante lo desafiante y tendrás el deseo de perdonar y seguir adelante. Lo que antes jamás de seguro tenías contemplado. El orgullo será remplazado por su mansedumbre y humildad, y el rencor por su amor. El fruto del espíritu será una realidad que tú y todos notarán. Jamás tendrás que demostrar con palabras o hechos que eres hijo del Rey. Jamás serás de doble ánimo.

Hoy eres separado, bendecido, bañado con su perfume, con su espíritu en ti. Eres desde ya un hijo amado, sin mancha, lleno de Él, con derechos otorgados. Somos hijos y sobre nosotros ya no hay condenación. Lo viejo pasó y en Él todo es hecho nuevo, no por mérito propio ni de rituales o religión, sino por su gracia, de manera que podrás esperar en calma las bendiciones destinadas para tu vida.

Deja todo y sigue a lo nuevo

No te acostumbres a lo que tienes, vienen cosas mejores para ti y para tu familia. Si los demás susurran que nada cambiará, que ya es tarde, que todo terminó, que te acomodes y resignes, que naciste para perder y que es mejor estar quieto y no complicar más las cosas, aléjate de ellos. No te adaptes a lo que vives o a lo que dicen los incrédulos. Ni le creas a los que viven en miedos y temor al futuro. Sólo con una mente renovada podrás y podrán ellos comprender la verdadera voluntad de nuestro Dios, la cual es siempre buena y perfecta.

No cedas a la tristeza

Puede ser que tu hombre exterior esté decayendo por los embates y desafíos sin embargo, cree por fe que tu hombre interior se está fortaleciendo y es renovado día a día. Tremenda promesa. *Lo que ves, no es.*

Y tendrás las fuerzas del búfalo, caminarás y no te fatigarás, y el camino será ameno, pues Dios prometió estar todos los días hasta el fin. Todo será transformado para tu nuevo sendero, lo que antes era difícil, será accesible, lo que antes estaba estorbando, será un lugar ordenado en el cual descansarás, los que te querían devorar con mentiras, serán callados y contigo no podrán, los que se levantaron para hacerte daño, serán puestos a un lado, en fin, nada será igual. La cobertura del Señor está sobre ti, es poderosa y te lleva a nuevos tiempos. Así como me levantó a mí y a muchos hijitos de la tristeza, lo quiere hacer contigo.

Habrán cambios

Todo lo seco, cerrado, inalcanzable y difícil de adquirir en su tiempo pautado, será liberado para bendecirte. Dios jamás te dejará administrar algo para lo que no te capacite antes. Por lo tanto, no lo cuestiones cuando seas entrenado para cosas que parecieran no tener sentido. Todo es parte de un designio soberano para alinearte al plan original del que en algún momento te desligaste, o te empujaron, sin embargo, su gracia te habilita para que jamás seas igual.

(Isaías 41:18) "Abrirá ríos en las alturas desoladas y manantiales en medio de los valles, transformará el desierto en estanques de aguas, y la tierra seca en manantiales".

Capítulo 9
EL GRAN SECRETO
"DEL AMOR QUE PREVALECE"

Todos en algún momento de nuestras vidas, hemos analizado las cosas que nos han sucedido, lo que nos dejó desilusionados, desangró nuestras finanzas, trajo soledad, trajo el abandono y lo que nunca imaginamos. En fin, no hay respuestas exactas y lo peor es que cuanto más se analizan las circunstancias, más dolor y agotamiento emocional se experimenta y a su vez, tendemos a vernos más frágiles y con pocas posibilidades para enfrentar el futuro desconocido y nuevo. Son esos momentos en los que repasamos nuestros derechos, dejamos de creer en la justicia del mundo natural y del espiritual, también en la honestidad de los que están cerca, en la empatía y hasta en nosotros mismos. El dolor emocional, los recuerdos, el resentimiento y el coraje que albergamos, nos llevan a una ceguera que cierra todos los canales que nos conectan con el susurro apacible del amor, el perfecto amor que prevalece sobre todo domino, poder y autoridad.

Yo me sentí así muchas veces, claro, mis situaciones y tus situaciones son similares. Somos seres humanos y sentimos el rechazo. Pensamos sobre nuestra vida, en la injusticia que deliberadamente cometen personas para afectarnos. Sentimos el abandono de aquellos que pensamos eran nuestros amigos y de repente, te das cuenta que solo era algo ilusorio. Estamos expuestos a tantas experiencias y en todas sentiremos el deseo de abandonarlo todo.

Desde lejos a la distancia, como espectador es fácil decidir por lo mejor, positivo, lógico, sabio, necesario, adecuado. Cuando no eres tú el que está en esa situación bochornosa y difícil, cuando no es tu matrimonio el que se viene abajo o no son tus hijos los que están estancados, cuando no es tu negocio el que está en bancarrota, o no eres tú o tu esposa los que están enfermos, puede que se sienta tristeza, pero jamás la incertidumbre, el desvelo, flojera de rodillas, el cansancio físico, emocional y hasta espiritual, que vive el desafortunado, en esa situación. *¿Recuerdas la última vez que dormiste en un hospital, cuidando a tu ser querido?* Mientras tú estabas allí, tus conocidos y hasta la familia estaban en sus rutinas, en su zona de confort, en su espacio. De igual manera, ni te enteras en ocasiones de lo que están viviendo otros, y tu continúas con lo relevante para ti en ese momento. *¡Todo es así!*

¿Por qué hablo de esto? Bueno, quiero que sepas que la vida y sus días nunca cesarán, nada se detiene. El sol saldrá cada día y la luna cada noche brillará, pero no todos la verán o no todos la apreciarán. Algo te puedo asegurar, hay alguien que jamás te pierde de vista, y que sabe los detalles de todo lo que pasó, y de lo que pasará. Además, tiene la capacidad de llenarte de paz y seguridad en medio de ese mar de emociones que a veces arropa hasta al más fuerte.

El problema es el deseo de llegar hasta el fondo, hasta el punto en que los cercanos logren ver y entender que diste el máximo, y no soltarás las cargas y eso es sencillamente agotador, difícil y trabajoso. Siempre el deseo de ser visto como el manejador de tu propia vida, independencia, sabiduría, respuestas, alternativas, búsquedas y suficiencia. Esto es parte del proceso de querer ser aceptado por los otros, como uno que no se rinde y que sabe de la vida. Todo lo anterior mencionado tiene un tiempo, llega el momento en que no podrás con el empuje y te sentirás tan agotado, que lo único que podrás ver, es tu soledad y los espectadores, tranquilos en su zona de seguridad. Ese lugar de silencio y soledad es difícil, pero es uno de los mejores momentos con el dador de las nuevas oportunidades. Puede que le hayas conocido de oídas como yo, pero verlo moverse en tu vida es otra cosa. Job vivió esta experiencia. Sabía mucho y le era fiel a su Señor, pero su percepción de todo cambió. Fue en sus momentos de pérdida y aflicción que sus ojos vieron Dios. Es decir, su confianza la depositó en el que lo había bendecido, separado y amado en la abundancia, y recibió la fortaleza y la multiplicación, en una nueva temporada. Ni su esposa fue de apoyo, sus amigos le afligían, su entorno era muy diferente al que estaba acostumbrado, su cuerpo estaba cansado y adolorido, en fin, parecido a como nos hemos sentido todos en algún momento. El tiempo que tardes en entregar las cargas y descanses en su poder, su vida, guía, soberanía y sus promesas que son perpetuas, serán parte del punto de retorno para llevarte a tu estado original, esos son los deseos de Dios para ti.

Cada vez que creas que alguien tiene buenos planes para ti y que se preocupa por tu situación, recuerda lo escrito por *ABBA* en su palabra: **"Porque yo sé los planes que tengo para ti, de bien y no de calamidad, para darte un futuro y esperanza"** (*Jeremías 29:11*)

Él ya lo sabe y los quiere porque lo diseñó para ti. Tal vez te preguntes *¿Y qué pasó, por qué no se han cumplido?* La respuesta exacta a tu situación solamente, Él la conoce. Te puedo decir que sus planes siempre son los mejores y vienen cargados de bendiciones, la salud que necesitas para disfrutar tu relación de pareja, Dios la quiere derramar sobre ti, las finanzas que necesitas para acomodar a tu familia, el amor que necesitas para perdonar y vivir en paz, las nuevas ideas que necesitas para reinventarte, y seguir adelante después que la viudez llegó de repente a tu vida, Él las quiere derramar sobre ti. Tal como lo hizo en la vida de un ciego llamado Bartimeo. Quiero compartir una revelación, de ese encuentro tan poderoso y transformador que tuvo Jesús con el ciego Bartimeo. *Mateo 10:46-52.*

Primero, fue Jesús el que pasó por el lugar donde estaba Bartimeo, nada es casualidad. Dios está ahora ahí, junto a ti. Conoce tu situación y sabe que tienes un propósito que cumplir, pues él lo depositó en ti. Además, te asignó un llamado. Un milagro está buscando manifestarse en tu vida. Luego Bartimeo da voces y clama por misericordia, pero antes reconoció a Jesús, como no muchos le reconocieron (linaje de David) y si pidió, es porque tenía la fe en que Jesús tenía el poder para realizar el milagro que necesitaba.

Hoy es un buen día para clamar y dar voces al Todopoderoso. Dice la historia que muchos trataron de callarlo. Sin embargo, el insistió y clamaba *"Señor, Hijo de David, ten misericordia de mí"*. Siempre habrán personas que te dirán lo que debes hacer para salir de tu situación, también te dirán que no sirve de nada pedir, orar, creer por un milagro, queriendo interpretar tus eventos y dejarte saber que la paga de tus errores es por tiempo ilimitado. Puede que te marquen o etiqueten, pero la realidad es que sobre ti no hay condenación en Cristo. *¿Cuánto tiempo vas a permitir que te pongan una condena perpetua?.*

Entonces, mira como sigue la historia. Jesús se acercó y expresó su deseo de ayudar a Bartimeo. Qué lindo saber que el Todopoderoso, Rey del universo, Creador de los nuevos tiempos, está ahí y busca manifestarse en tu necesidad. Lo hizo con Bartimeo, y lo ha hecho con tantas personas a través de los tiempos, y lo quiere hacer hoy contigo. Dice que Jesús se detuvo, y mandó a llamarle, *¡Wow!* él se detiene en estas líneas y te dice ahora, *¡VEN!* Al igual que le dijeron a Bartimeo, yo te digo ten confianza, levántate, te está llamando. Es tiempo de confiar en el poder de la cruz y la nueva vida que te ofrece. Es tiempo de levantarte, cambiar de posición, de estrategias, de amistades, de ciudad o de trabajo, es tiempo de ponerle fin a un ciclo y entrar a una nueva temporada.

Ahora bien, sigue este detalle, Bartimeo arrojó su capa, lo que significa que soltó lo que era valioso para él por mucho tiempo, lo que cargó para un lado y para otro, pues le cubría de las inclemencias del tiempo, era algo que cuidaba y le daba valor. Pero lo soltó. Cuando aceptas su señorío en tu vida, sueltas todo y te es otorgada una capa, pero no para cubrirte de la gente, sino para distinguirte como hijo del Rey de reyes y Señor de señores. Es tiempo de soltar tu justicia, ideas, pasado, historia de dolor, venganza, debilidad, impaciencia, manipulación, estrategias de finanzas, vida y amigos que te empujan a ser lo que no eres. Es tiempo de soltar lo viejo para recibir lo nuevo de parte del rey. **¡Recibe tu nueva Capa!**

Segundo, Jesús le dijo vete tu fe te ha salvado. Es decir, no fue que hizo algo para merecerlo, ningún ritual u ordenanza de hombre. *¡Fue la fe! ¿Qué es fe?* **"Es la certeza de lo que se espera, y la convicción de lo que no se ve."** *(Hebreos 11:1). ¿Puedes creer en el Dador de los milagros? ¿Puedes creer lo que dijo de ti? ¿Lo que hizo por la humanidad en la cruz ¿Lo que desea para sus hijos, herederos de la gracia? ¿Puedes creer en sus planes sobre tu vida? ¿Puedes imaginar tu vida en sus manos?*

Dice la historia que Bartimeo enseguida **recobró** la vista. Y seguía a Jesús en el camino. Ese amor, es el que prevalece hoy y por siempre. Cuando Él entra, toma dominio y autoridad, y nada será igual. No existe promesa que te exima de problemas o dificultades, de pérdidas, luchas, enfermedad, o de fenómenos atmosféricos. ¡No! Pero sí promete estar todos los días contigo.

Darte las fuerzas necesarias, el dominio y autoridad, para salir victorioso ante todo lo que se presente. Nos exhorta a que seamos valientes, que no desmayemos, porque estará con nosotros (*Josue1:9*). Si él es con nosotros, ¿quién contra nosotros? *(Romanos 8:31).*

Revestidos de Amor

"Ante cada situación que se presente con fuerza, amados vístanse de amor"(Colosenses 3:14)

Hace unos meses, preparando un material para parejas, el Señor puso en mi corazón lo que les voy a compartir. Lo recibí en mí ser con fe, y luego lo compartí confiada en que sería de gran bendición, y así lo manifestaron en aquel momento las parejas. Hablé de la importancia de estar revestidos en el amor. El perfecto amor está ahí, y lo vimos en la explicación de cómo es Él, *Abba* el que prevalece.

El punto es que muchas veces, dentro de la relaciones de pareja recibimos ofensas o vivimos desafíos que nos remontan a los recuerdos del pasado, ese periodo o lapso de vida difícil. Es decir, un rey que conquistó nuestro mundo interior. Lo complicado de la mente y los pensamientos, es que saltan sin avisar y son estimulados con muy poco del contenido que está en nosotros. Entonces no traer a la memoria esos dioses destronados y reconocer el poder de la sangre de Cristo, el rey que entró y tiene dominio y autoridad sobre todo en el presente, nos dará la victoria. Reclamando su sangre que nos cubre y nos acepta ante el Padre como hijos, con la garantía de justificados y libres de condenación. Sin importar lo que hayamos sido en el pasado, lo que hayamos hecho en el presente, o lo que hagamos en el futuro. A todo lo anterior el mundo lo señala, recuerda y condena. Pero mi Jesús, tu Señor y Salvador, ya lo cubrió con su vida y su sangre.

Ahora bien, en el día a día seguirán pasando cosas, que sólo buscan desenfocarte y descalificarte para alejarte de los que te aman, y desean estar junto a ti en la nueva vida que se te otorgó por gracia. Debes estar claro en este punto, ya que de no verlo con ojos espirituales, caerás en el engaño y sufrirás como en el pasado.

Ahora bien *¿Se puede ser infeliz con gente alrededor amorosa y bendiciones sobre la casa? ¡Si!* Eso es vivir prisionero de pensamientos y recuerdos, de luchas ya ganadas, de sentimientos y desilusiones superadas, buscando establecerse en territorio ya conquistado. El deseo de nuestro *Adonai*, mi Señor, y espero que tuyo también, es que vivas en expectación por lo nuevo que Él va depositando, lo ordenado, lo separado, lo que no ves pero es, por su palabra. Con el fin de que retornes a tu estado original, lleno de paz y multiplicado en todo.

Revestido

Para neutralizar los asaltos y desafíos mentales y emocionales que tocan los territorios que una vez fueron nuestro lugar de lucha, no hay nada mejor que aferrarse al vínculo perfecto *"el amor" Colosenses 3:14* dice: ***"Por encima de todo, vístanse de amor, el vínculo perfecto"***. Nos invita a ver más allá de nuestra lucha, ofensa, orgullo, desacuerdo, desilusión, contienda, en fin, mirar hacia arriba y creer en el poder de ser revestido por su amor.

Compartí en un seminario de parejas 4 sinónimos del sustantivo *Revestido*, es decir aquel tipo de palabra cuyo significado determina la realidad. Los sustantivos nombran todas las cosas: ***personas, objetos, sensaciones, sentimientos,*** etc.

Revestir, es cubrir una cosa con un material aislante, protector o de adorno. Los *4* sinónimos tienen una función poderosa sobre la vida de pareja, fíjate:

1- ***Acolchonado***: *¿sabes que hay ocasiones en las que te dejan caer?* Te desilusionan, te desafían y sientes que el piso se te movió. *¡Si!* Al punto, en que no deseas entrar a ese cuarto que tú mismo decoraste, habilitaste y llenaste de momentos de pasión. Puede ser que estés durmiendo en el sofá, pero tranquilo, en él podrás hoy dormir en paz, como en un colchón nuevo. Acolchonado, revestido en Él.

¿Cómo? Confiando en esa cobertura del amor que echa fuera el temor. Si puedes creer, al que cree todo le es posible. Entrega tu descanso físico y emocional a Él. Repite en tu interior, *en paz me acostaré y así mismo dormiré, porque solamente tú, me haces vivir confiado.* Déjale saber a Dios que necesitas descanso y que traiga a tu memoria las bendiciones y milagros que El ha hecho en tu vida. Pídele que active la fe impartida y bendice su nombre. Te aseguro, que dormirás y despertarás con una nueva perspectiva, sobre todo, hacia tu cónyuge.

2- ***Bañado:*** En ocasiones las parejas expresan que por lo vivido, ni las flores le huelen. El desánimo y lo aparente, nos lleva a sentirnos inhabilitados. Vernos así, nos lleva a proyectarnos como inútiles. Comenzamos a establecer la creencia, de que no somos aceptados, bienvenidos o adecuados para grupos, familia, pareja, ministerio, etc. Cuando llegas al punto de verte lejos de todo lo soñado, desprovisto y sin esperanza, llegan las *"apariciones"* del Señor. Siempre en el mismo lugar, pero esperando a que le des la oportunidad de sorprenderte con lo nuevo, inexplicable, ilógico, con lo sobrenatural. Es cuando te das cuenta de que con Él todo es posible, sin importar lo que está sucediendo en tu entorno. Si cedes tu lógica, justicia, estrategias y confías en Él, verás cómo su gloria te envuelve y te levanta de tu lugar, al lugar de bendición.

Cuando pensé en el primer sinónimo de revestido, *bañado*, el Señor me susurró algo que quiero compartir contigo *"Cuando estás revestido de mí, notarán tu llegada a todo lugar que vayas"* Recordé lo bien que se siente cuando alguien me dice, *¡que rico huele el perfume que llevas puesto!* Y si te preguntan el nombre, lo dices, *¡claro!.*

Entonces al punto que quiero llegar es *Bañado* de Él, con conciencia de su presencia en nosotros, viviendo con intencionalidad, como portadores de su gloria de seguro que todos notarán tu presencia. Serán impactados con tu vida, que es el reflejo de la vida del espíritu obrando en cada área. Siendo así, no hay duda que todo espacio que se te entregue, familia, pareja, hijos, negocio, ministerio, todo será fuente de bendición. Pedirán tu favor, tu presencia, ideas, creatividad, en fin confiarán en lo que dices, porque claramente, notaron que andas en la verdad.

En Él somos llenos del camino, la verdad y la vida. Cuando una persona como lo puede ser tu esposo, hijo, compañeros o familia, te miente, te utiliza, traiciona, humilla, maltrata o menosprecia de seguro está desenfocados. Puede incluso estar operando bajo dones y talentos, pero no bajo la unción. *"De esta forma una persona no huele bien".*

Ahora bien, *Bañados* con su espíritu quiere decir que muchos te seguirán, se sentirán impresionados, pero créeme no es por lo que haces, es por quien eres en Cristo, hijo y heredero por su gracia.

3- Envuelto: *¿Envuelto en problemas?* Posiblemente. Todos tenemos situaciones en las que hay que trabajar para resolver. El punto, es que en ocasiones esas situaciones las vemos tan grandes y difíciles, que nos sentimos impotentes, hasta nos paralizamos, eso es miedo. *¿Es normal sentir miedo?* Si. Ante lo desconocido sentimos ansiedad, y tras ella, si la dejamos que se apodere de nuestras emociones, nos paraliza el miedo. Es necesario que asumas una postura de seguridad y confianza, creyendo en lo que no ves, pero que se te otorgó para ser efectivo y poderoso en tu caminar en la tierra. Me refiero al ADN que se te depositó, al momento de ser una nueva criatura en Cristo. *"Os he dado, espíritu de valentía, amor y dominio propio."* *(2 Timoteo 1:7)*

Puede ser que la incertidumbre ante la decisión de un divorcio o separación, te haga sentir aterrado por el futuro, por la falta de finanzas o por la irresponsabilidad de esa persona, quiero animarte a que pidas que esa valentía, que fue depositada en ti, sea activada en el nombre de Jesús. No se ha ido, ni ha sido removida, posiblemente es que esté sepultada por el dolor o resentimiento y angustia que estás viviendo.

La palabra **Envuelto**, sugiere que serás rodeado de nuevas oportunidades, nuevos proyectos de vida. *¿Con quién?* No lo sé, pero comienza a creer que serás envuelto en tantas cosas de parte de Él, que no tendrás que convencer a nadie que te respete o que te ame, ni tendrás que convencer de lo que quieres vivir de ahora en adelante. Esa envoltura o cobertura, te dará la seguridad que necesitas para tomar las mejores decisiones para tu vida. No te permitas quedar envuelto en lo circunstancial, en lo que ves, en la injusticia, las mentiras, en el odio, la amargura, en lo aparente.

Querido lector *"busca la paz y síguela"* dice nuestro Señor. (Salmos 34:14)

Buscarla implica, dejar lo que te paraliza, afecta o sucedió y continuar enfocado en lo que por fe crees que está siendo derramado a tu favor.

4-Tapizado: *¿Vestido de amargura?* Con los años las experiencias del pasado o del presente, van cubriendo nuestro mundo interior con dolor, resentimiento, tristeza, recuerdos dolorosos, vergonzosos, cosas que decimos muchas veces, que hemos pasado la página, que las hemos superado, perdonado, pero desafortunadamente, cuando menos lo esperas, vuelven a perturbarnos, a desmotivarnos y desenfocarnos. Esos trapos viejos, esas vestiduras que no son parte de la nueva criatura que somos, es lo que provoca que pensemos que jamás seremos genuinos. Que siempre seremos impostores hipócritas, creyendo por algo, proclamando victoria, pero vencidos y atormentados por las viejas ropas. Quiero que sepas, que nadie está exento del recuerdo. Todos cargamos con los recuerdos y quedan allí con dos propósitos:

Número uno: Desviarte de los planes de bien que fueron diseñados desde el principio por nuestro Padre, para que se cumplan y lleguen a un feliz término, a la tierra en que fluye leche y miel. El cambio de visión tiene como objetivo, llevarte a pensar que lo que te acontece, te seguirá por el resto de tus días, insinuándote que la restitución es para otros.

Número dos: Para anunciarte que fuiste levantado, separado, restaurado, reposicionado y llevado a un nuevo espacio fuerte, como jamás pensaste. Para conquistar territorios, para que multipliques lo que se te otorgue, para que bendigas a tu familia y a las naciones.

Para que puedas ser canal de bendición para muchos. Para que tu vida sea un reflejo de la vida de Cristo en la tierra. En fin, para que todo lo que te acontezca sea visto por el mundo, desde la perspectiva de hijo de rey, con la certeza de que aún en medio de los desafíos y tormentas, se siguen cumpliendo los propósitos divinos con la convicción de que lo escrito y dicho, será hecho.

Encontré lo opuesto a *"ser revestido"*. Es *"desnudar"*. Estos antónimos me llevaron a pensar mucho. Te pregunto: *¿Te descubrieron o te quitaron la túnica de la inocencia? ¿Te quitaron la túnica de confianza, de honra, de valor, de aceptación? ¿Tu error le dio permiso a alguien o a muchos, para descubrirte? ¿O será que la imprudencia de algunos o de alguien te dejó descubierto, sin ganas de vivir, de creer en la gente, en la familia, en el matrimonio, en Dios, en su poder, su perdón, su fidelidad y sobre todo, su soberanía? ¿Será que te dejaron sin casa, sin carro, con una reputación comprometida y sin finanzas?* Yo he estado por situaciones muy difíciles, como lo es un divorcio, separaciones, murmuraciones, grandes desafíos económicos y desesperación. Sin embargo, cada situación tiene su tiempo y su hora debajo del sol, y todo es conocido por el Rey del universo. Te puedo dejar saber, que en cada uno de esos procesos, lloré y tuve deseos de pasar al otro lado rápido. También es lógico quererlo, fuimos creados para ser libres, victoriosos, amados y valorados, entre otras cualidades de hijos del reino. Esto no quiere decir, que la mejor opción es la desesperanza. Tampoco podemos pensar, que estamos solos por castigo de Dios y mucho menos, que seremos dejados en el suelo.

Mira al reino al que pertenecemos y porqué somos llevados de gloria en gloria. No solo debes creerlo, sino entrar en fe y levantar tus manos, en un acto de reconocimiento al que vive y reina, al que es y será, al que está ahí ahora contigo, y desea entrar y traerte paz.

"Tu reino, es reino por todos los siglos, y tu dominio permanece por todas las generaciones. El SEÑOR sostiene a todos los que caen, y levanta a todos los oprimidos" (Salmos 145:13-14).

*"Que hace justicia a los oprimidos, y da pan a los hambrientos. El SEÑOR pone en libertad a los cautivos. El SEÑOR abre **los ojos** a los ciegos, el SEÑOR levanta a los caídos, el SEÑOR ama a los justos. El SEÑOR protege a los extranjeros, sostiene al huérfano y a la viuda, pero trastorna el camino de los impíos."*
(Salmos146:7-8).

El hace justicia, confía. También traerá lo que haga falta a tu mesa. El es mi pan *¿Será hoy el tuyo? ¿Lo crees? ¿Necesitas protección, te sientes en peligro?* Toma esta palabra y hazla tuya, cree, muévete en fe y agradece por lo que aún no ves y termina diciendo, quién eres en Él, un hijo (a) del Rey, en el nombre de Jesús, nombre sobre todo nombre. Eres un bendecido y eso no se negocia. *Amén*

Gracias por haberme acompañado y recorrido junto a mí, Etapas Divinas. Bendiciones

Bibibliografía

- Barlow, David H. & Durand, V. Mark. (2001). Psicología. Editorial S.A.
- Caballero, S.S. (2008). Revista Latinoamericana. Polis. Ulagos. CL.
- Ellis, Albert. (1998). Cómo controlar la ansiedad antes que le controle a usted. Ediciones Paidós- Ibérica, S.A. Buenos Aires.
- Engler, Bárbara. (1996). Introducción a la teoría de la personalidad. Editorial McGraw-Hill. Mexico.
- New World Encyclopedia. (2018). Konrad Lorenz Imprinting (psychology).
- Nueva Versión Internacional de la Biblia.

Dedicado a:

_____

Por:

_____

Fecha:

_____

Made in the USA
San Bernardino, CA
27 May 2019